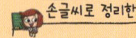

초판 1쇄 발행 2022년 2월 22일

글쓴이 이순, 김소정 | **감수** 송웅섭
펴낸이 황정임
펴낸곳 ㈜노란돼지
등록번호 제 2021-000038호 | **등록일자** 2021년 3월 22일
주소 경기도 파주시 문발로 115(파주출판문화정보산업단지), 307 (우)10881
전화 031-942-5379 | **팩스** 031-942-5378
기획진행 멋지음Book林 | **마케팅** 이주은, 이수빈, 고예찬 | **경영지원** 손향숙
일러스트 곽병철 | **표지/본문 디자인** 메이크디자인

ISBN 979-11-977291-2-6 74900
      979-11-977291-1-9 74900(세트)

 품명 손글씨로 정리한 한국사 노트 1 **제조자명** 푸른등대 **제조국** 대한민국
주소 경기도 파주시 문발로 115(파주출판문화정보산업단지), 307 **연락처** 031-942-5379
제조년월 2022년 2월 22일 **사용연령** 10세 이상
KC마크는 이 제품이 공통안전기준에 적합하였음을 의미합니다.

 종이에 베이거나 긁히지 않도록 조심하세요.
책 모서리가 날카로우니 던지거나 떨어뜨리지 마세요.

도서출판 노란돼지는 독자 여러분의 의견을 기다립니다. yellowpig.co.kr

 푸른등대는 바다에서 길을 찾을 때 도움을 주는 등대처럼
지혜로운 삶에 도움이 되는 책을 펴냅니다.

손글씨로 정리한

한국사 노트 1

이순, 김소정 지음 / 송웅섭 감수

저자 서문

어느 날 방을 정리하다가 초등학교 때 일기장을 펼쳐보게 되었어. 친구와 싸워서 힘들었던 일, 공부하기가 싫어서 엄마한테 거짓말했던 일, 신났던 하루는 즐거운 이야기로 가득했고, 잘못이 많았던 하루는 반성하는 글로 가득했지. 일기를 읽으면서 '모야, 내가 이렇게 유치했어~' 하며 나의 지나온 일들을 반성하고, '음, 내가 조금은 멋졌는데~' 하면서 내가 잊고 있었던 일로 나의 자존감을 세워 힘든 일들을 극복하는 데 도움이 되기도 했지. 일기장 속에는 나의 지나온 세월이 기록되어 있었어.

"역사"란 무엇일까? 일기장 속 기록처럼 역사는 과거에 일어난 사실과 그 사실을 기록한 것을 말해. 일기장이 나의 역사라고 한다면 ≪ 손글씨로 정리한 한국사 노트 ≫는 나를 포함한 우리 땅에서 살아온 우리 조상님들의 이야기가 담겨 있는 책이야.

"역사를 잊은 민족에게 미래는 없다."

우리나라의 독립운동가이자 역사학자인 단재 신채호 선생님이 하신 말씀이야. 나의 삶에서 나를 제대로 알아가는 것이 중요하듯이 우리가 살아가는 사회에서는 우리 역사를 제대로 알고 이해하는 것이 중요해.

역사 속에서 일어난 일들을 통해서 우리 민족의 뛰어난 정신력을 배우고, 어려움이 많았던 역사 시대에서는 우리 민족이 왜 고통을 받았는지를 반성하는 거야. 그래서 역사는 과거에 일어난 일이지만 현재와 연결되어 있고 더 나은 미래를 만드는 데 도움을 준단다.

"아름다운 이 땅에 금수강산에 단군 할아버지가 터 잡으시고, 홍익인간 뜻으로 나라 세우니 대대손손 훌륭한 인물도 많아"

- 한국을 빛낸 100명의 위인들 노래 중

우리 친구들이 어렸을 때 불렀던 노래인데 기억하니? 이 노래를 부를 때는 친구들끼리 서로 경쟁하면서 재미있게 불렀던 기억이 있을 거야. 우리 친구들이 어린 시절의 일기장을 읽듯이 《 손글씨로 정리한 한국사 노트 》를 재미있게 읽었으면 하는 게 우리 선생님들의 마음이야~

 손글씨로 정리한

한국사 노트 1

이순, 김소정 지음 / 송웅섭 감수

똑똑똑 역사 시리즈

똑똑하게 배우고, **똑**소리나게 익혀서,
똑바로 이해하는, **똑똑똑** 역사 시리즈는
더불어 살아가야 할 미래 사회에
세계의 한 구성원으로 살아갈 수 있는
방법과 지혜를 가르쳐주는 책이랍니다.

손글씨로 정리한 **세계사 노트 1, 2**

손글씨로 정리한 **중국사 노트**

계속 출간됩니다.

차례

1장 한반도 역사의 대부분을 차지하는 **선사 시대**
- 선사 시대 안에서 나누어지는 세 시기 14
- 선사 시대 사람들의 입고 먹고 사는 법 18

2장 우리 민족이 세운 첫 나라, **고조선**
- 고조선이 태어나 발전한 이야기 24
- 단군이 고조선을 다스린 법 29
- 고조선과 다른 나라들과의 관계 30

3장 고조선 이후에 나타난 **여러 나라들**
- 부여 36
- 옥저와 동예 39
- 삼한 41

4장 주몽이 한반도 북쪽에 세운 나라, **고구려**
- 고구려의 건국과 발전 46
- 고구려의 대외 관계 51
- 고구려 사람들의 의식주 55
- 고구려의 정신과 문화 58

5장 온조가 한강 유역에 세운 나라, **백제**
- 백제의 건국과 발전 62
- 백제의 세 도읍지 70
- 백제 사람들의 의식주 73
- 백제의 정신과 문화 75

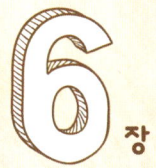
6장 사로국에서 출발한 작은 나라, 신라
- 신라의 건국과 발전 84
- 신라의 제도와 사회 91
- 신라의 청소년 수련 단체, 화랑도 92
- 신라의 정신과 문화 95

7장 삼국을 통일한 최초의 통일 왕조, 통일신라
- 통일신라의 성립과 발전, 대외 관계 102
- 청해진과 장보고 109
- 통일신라의 정신과 문화 111

8장 대조영이 고구려를 계승해 세운 나라, 발해
- 발해의 건국과 성장 116
- 발해의 정치와 제도 120
- 발해의 갑작스러운 멸망 122
- 발해 사람들의 의식주 123
- 발해의 정신과 문화 124

9장 민족을 완전히 통일한 왕조, 고려
- 고려의 건국과 발전 128
- 고려의 대외 관계와 오랜 전쟁 135
- 고려의 반란과 무신 정권 140
- 고려의 사회와 문화 144
- 고려 사회와 원나라의 지배 152
- 최무선의 화약과 문익점의 목화씨 156

한반도 역사의 대부분을 차지하는
선사 시대

1장

한반도에는 언제부터 사람들이 살았을까?

아주 먼 옛날, 지금으로부터 약 70만 년 전부터 사람들이 살고 있었어. 이 '아주 먼 옛날'의 시기를 '선사 시대'라고 해.

선사 시대는 역사 이전의 시대를 뜻해. 역사를 기록하려면 문자가 필요하잖아. 이때는 문자도 채 만들어지지 않아서 역사적 기록이나 책을 남길 수 없었던 아주아주 오랜 옛날이야. 나중에 문자가 만들어진 뒤 비로소 사람들이 살아가는 모습을 기록과 책으로도 남기기 시작했는데, 그 시기부터는 '역사 시대'라고 불러.

선사 시대 안에서 나누어지는 세 시기

선사 시대 는 아주 오랫동안 이어졌단다. 구석기 시대가 시작된 70만 년 전부터 현대까지의 역사에서 선사 시대가 거의 대부분을 차지하지. 우리나라에서는 고조선 이후부터를 역사 시대라고 해. 이때부터 기록을 통해 사실을 알 수 있기 때문이야.

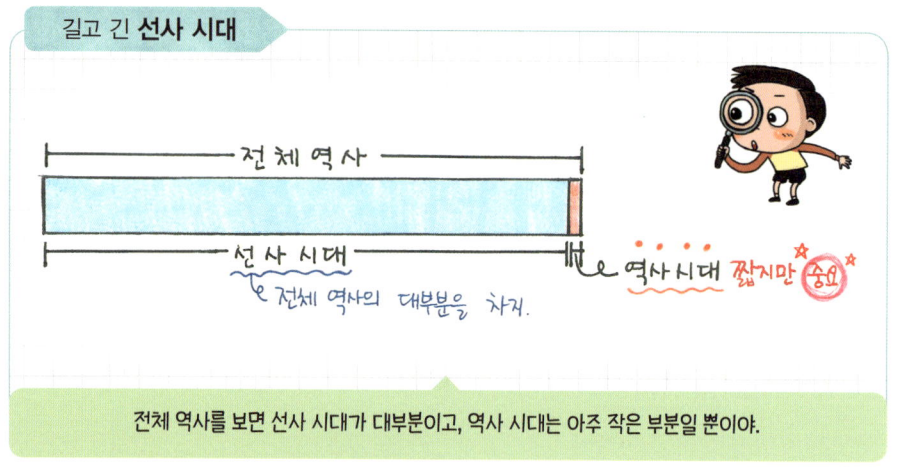

전체 역사를 보면 선사 시대가 대부분이고, 역사 시대는 아주 작은 부분일 뿐이야.

오늘날 역사를 연구하는 학자들은 선사 시대를 쉽게 이해하기 위해 구석기 시대, 신석기 시대, 청동기 시대로 나누었어. 당시 사람들이 어떤 도구를 썼느냐를 기준으로 나눈 것이지.

어떤 도구를 사용했느냐는 매우 중요한 문제야. 그에 따라 사람들의 생활이 확 바뀌었거든. 선사 시대 사람들이 주로 썼던 도구는 돌로

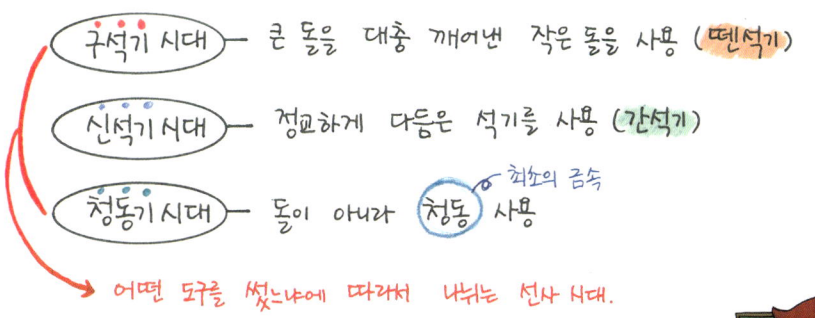

만든 석기였어.

큰 돌을 대충 깨어 낸 작은 돌을 도구로 사용한 시기가 구석기 시대, 그것보다 조금 더 정교하게 다듬은 석기를 쓴 때가 신석기 시대야. 돌에서 더 발전해서 청동으로 만든 도구를 쓴 때가 청동기 시대이고. 선사 시대를 셋으로 나누는 기준을 알겠지? 그럼 이제 각 시대를 자세히 살펴볼까?

구석기 시대 사람들은 집이 없어서 추위와 비바람을 피할 수 있는 동굴 등을 집으로 삼았어. 지금처럼 농사를 지을 줄도 몰라 배가 고프면 열매를 구해 먹거나 사냥을 하기도 했지.

그런데 맨손으로 사냥하기는 힘들겠지? 힘센 짐승을 잡으려면 도구가 필요했어. 그래서 사람들은 큰 돌을 쳐서 떨어져 나간 돌조각을 도구로 사용했어.

용도에 따라 다르게 사용한 **뗀석기**

주먹도끼 찍개 긁개

주먹도끼는 짐승을 사냥하거나 땅을 팔 때, 찍개는 나무를 다듬을 때, 긁개는 동물의 가죽을 다듬을 때 사용했다고 해.

이것을 '뗀석기'라고 부른단다. 뗀석기는 모양을 다르게 만들어서 용도에 따라 활용하기도 했어. 주먹도끼, 찍개, 긁개는 자주 사용된 도구였지.

신석기 시대는 어떠했을까? 시간이 흘러 신석기 시대 사람들은 구석기 시대 사람들보다 똑똑해졌어. 뗀석기는 아무래도 투박해서 정교한 작업을 하기가 힘들었어. 그래서 돌을 더 사용하기 편리하게 갈아 쓰기 시작했지. 이것을 뭐라고 부를까? 갈아 썼다고 해서 '간석기'

라고 해. 신석기 시대 사람들은 돌뿐만 아니라 동물의 뼈도 갈아서 사용했어. 돌괭이, 작살, 낚싯바늘을 만들어 물고기를 낚기도 했대. 이들은 가축을 기르고 농사를 짓기 시작했어. 언제 나타날지 모르는 먹을거리와 사냥감을 무턱대고 기다리기보다는 농사를 짓기 위해서 물이 풍부한 큰 강이나 바닷가 주변에 살았지. 농사를 지어 이제는 먹고 남은 음식이 생기자 음식을 보관하려고 진흙이랑 모래를 섞어 불에 구운 토기(그릇)도 만들었어.

청동기 시대 는 한 단계 더 발전한 시기라고 할 수 있어. 바로 금속을 사용했기 때문이야. 청동은 구리에 주석을 섞어 만든 것으로, 인류가 사용한 최초의 금속이야. 깨지기 쉬운 돌에 비해 청동은 단단하고 날카로운 혁신적인 도구였지.

인류가 사용한 최초의 금속인 **청동기**

청동은 칼이나 창 같은 고급 무기나 거울 같은 장신구를 만들 때 사용했어. 매우 귀했기 때문에 주로 지위가 높고 부자인 사람들이 귀한 물건을 만드는 데 사용한 것이지. 농사를 지을 때는 여전히 돌로 만든 도구를 사용했단다.

선사 시대 사람들의 입고 먹고 사는 법

이번에는 선사 시대 사람들의 옷 에 대해 알아볼까?
구석기 시대 사람들은 나뭇잎이나 풀잎으로 몸의 약하고 중요한 부위를 가렸어. 그러다가 좀 더 질긴 나무껍질을 벗겨 옷을 만들어 입기 시작했지. 그런데 생각해 봐. 나무껍질 옷이 따뜻할까? 그래, 따뜻하지는 않아. 그래서 사냥한 동물의 가죽을 입기도 했지.

구석기 시대 사람들보다 똑똑해진 신석기 시대 사람들은 식물의 껍질을 꼬아서 실을 만들고 뼈바늘을 이용해서 바느질해 입었어. 몸에 맞게, 활동하기 편하게 옷의 모양까지 디자인한 거지.

청동기 시대 사람들의 옷도 알아볼까? 역시 가죽옷이나 털옷, 식물의 껍질로 짠 옷을 입었어. 그러나 신석기 시대의 옷과는 모양이 달랐어. 이전 옷은 원피스 형태로 허리에 끈을 묶어 윗옷과 아래옷을 구분했어. 하지만 청동기 시대부터는 저고리와 바지로 위아래를 구분했단다.

신분을 드러내거나 멋을 내려고 장신구를 착용하기도 했어. 청동으로 만든 장신구는 물론이고, 조개껍질로 만든 목걸이와 팔찌, 동물 뼈로 만든 발찌를 하고 다녔단다.

자, 선사 시대 사람들의 음식 이야기도 해 줄게.

구석기 시대 사람들은 이곳저곳을 다니며 열매나 풀을 채집해 먹거나 사냥을 했어. 그렇게 얻은 먹을거리는 불을 이용해 익혀 먹기도 했단다. 그러다 신석기 시대 사람들의 식사에 특별한 메뉴가 등장해. 바로 곡식이야. 신석기 시대 사람들은 씨앗을 심어 기르면 곡식을 얻을 수 있다는 사실을 알아냈어. 주로 수수, 조, 피, 기장, 콩 같은 잡곡을 기르기 시작하면서 이전처럼 이곳저곳으로 자주 옮겨 다닐 수 없어 한곳에 머물러 살게 되었지.

토기에는 남은 음식이나 곡식을 담았어.

빗살무늬 토기　　　　　　　　　　　민무늬 토기

또 짐승은 사냥하는 것보다 직접 키우는 게 낫다는 것도 알게 되었어. 주로 소, 양, 멧돼지 등을 길렀단다.

농사도 짓고 가축도 기르니 먹을거리가 풍성해졌어. 그래서 남은 음식을 저장하기 위한 그릇인 토기가 등장한단다. '빗살무늬 토기'는 신석기 시대를 대표하는 도구야. 머리빗의 살과 같이 생긴 무늬가 새겨진 토기라서 그렇게 불리지.

청동기 시대 사람들은 오늘날과 같이 벼농사를 지어 쌀을 먹었어. 쌀은 잡곡보다 부드럽고 맛있었거든. 청동기 시대의 토기는 무늬가 사라지고 바닥이 평평해졌어. 무늬가 없는 이 토기를 '민무늬 토기'라고 부른단다.

서울 암사동에 남아 있는 신석기 시대의 **움집**

선사 시대 사람들이 살았던 집 에 대해서도 알아볼까?

구석기 시대 사람들은 동굴이나 바위 틈, 나무 위에서 살았어. 먹을 것을 찾아 늘 여기저기를 돌아다니던 이들에게 집이란 위험한 동물을 피하고 추위와 더위로부터 몸을 보호할 수만 있으면 되는 곳이었거든.

그러다가 신석기 시대 사람들은 집을 짓기 시작했어. 농사를 짓게 되면서 여기저기로 떠돌아다닐 필요가 없으니 나무와 갈대로 지붕을 엮어 비바람을 막고 오래 머물 수 있는 집을 지었지. 바로 '움집'이야. 그런데 움집은 땅을 움푹하게 파서 지은 집이라 눅눅하고 축축했어. 특히 비가 오면 더했지. 그래서 청동기 시대 사람들은 땅 위에 집을 짓기 시작했어. 나무로 기둥과 벽을 세우고 나뭇가지와 갈대,

억새 등을 엮어 지붕도 만들었지.

지금까지 구석기, 신석기, 청동기 시대로 나뉘는 선사 시대를 살펴봤는데, 어때? 정말 선사 시대를 짧게 요약해서 본 거야. 이제 사람들의 생활 모습이 글로 기록된 역사 시대로 넘어오게 돼.

다음 장에선 너희가 잘 아는 단군이 세운 나라, 고조선을 찾아가 보자.

우리 민족이 세운 첫 나라, 고조선

 2 장

10월 3일 개천절이 무슨 날인지 아니?

우리 민족의 첫 나라인 고조선이 세워진 날을 기념하는 날이야. 고조선은 언제 만들어졌을까? 우리나라에서 고조선을 처음으로 기록한 역사책 《삼국유사》를 살펴보면 기원전 2333년경에 세워졌다고 해. 기원전이 무슨 말인지 모르겠다고? 현재 우리가 사용하는 달력은 서양사람들이 사용하는 달력이야. 그런데 서양인들은 시대를 구분할 때 예수님 탄생을 기준으로 삼았어. 예수님이 태어나기 전 시대를 기원전(BC), 태어나고 난 다음 시대를 기원후(AD)로 나누었지. 지금 우리가 살고 있는 시대는 기원후로, 2020년이라고 하면 AD 2020년이야. 그렇다면 기원전 2333년경에 세워진 고조선은 지금으로부터 약 4353년 전에 만들어진 나라라고 생각하면 될 거야.

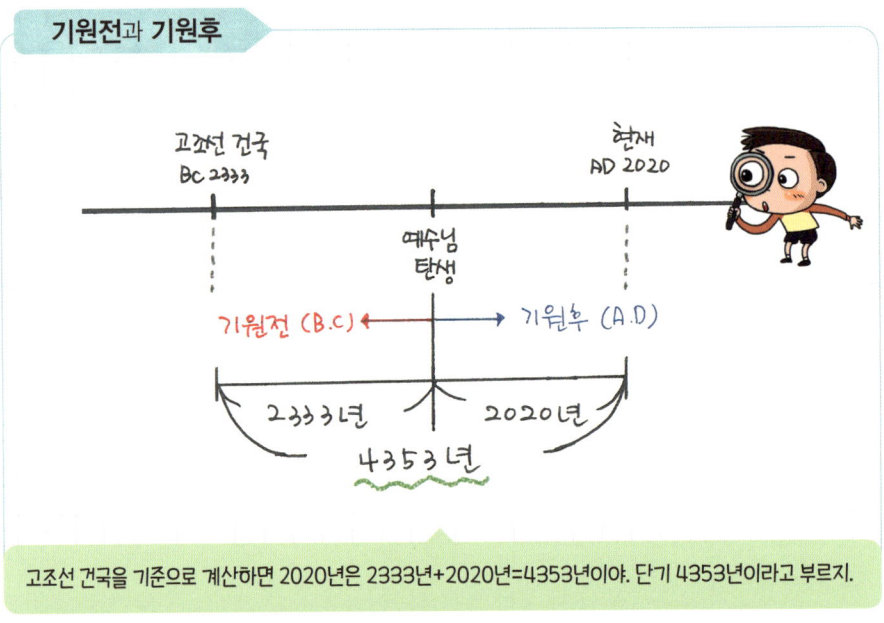

고조선 건국을 기준으로 계산하면 2020년은 2333년+2020년=4353년이야. 단기 4353년이라고 부르지.

사람들이 살아가는 시대를 구분할 때는 예수님의 탄생을 기준으로 해.
예수님이 태어나기 이전은 기원전, 태어난 이후는 기원후라고 부르지.

고조선이 태어나 발전한 이야기

고조선을 세운 사람은 누구일까? 바로 이야. 이 이름에는 특별한 의미가 담겨 있단다. 단군은 하늘에 제사를 지내는 제사장, 왕검은 정치를 하는 지배자를 뜻해. 그러니까 단군왕검이라는 이름은 제사와 정치를 하나로 묶어서 나라를 이끌어 가는 지도자였던 거야.

제사와 **정**치가 하나로 되어 있다고 해서 '제정일치 사회'라고 불러.

단군이 고조선을 세우게 된 이야기인 단군 신화는 일연 스님이 쓴 《삼국유사》에 자세히 기록되어 있어. 같이 살펴볼까?

옛날 하느님인 환인의 아들 환웅은 인간 세계에 관심이 많았어. '널리 인간을 이롭게 하라'는 환인의 허락을 받은 환웅은 바람, 비, 구름을 다스리는 신하를 비롯한 삼천 명의 신하들을 데리고 태백산 꼭대기에 있는 신단수 아래로 내려왔어. 그리고 그곳을 신성한 곳이라는 의미로 '신시'라고 불렀지. 환웅은 인간 세계에서 농사짓는 법, 생명, 질병, 형벌, 선악 등 360여 가지의 일을 맡아서 다스렸어.
그러던 어느 날이었어. 주변 굴에 살던 호랑이와 곰이 환웅을 찾아와 사람이 되게 해 달라고 간청한 거야. 환웅은 쑥 한 다발과 마늘 스무 개를 주면서 이것을 먹고 100일 동안 햇빛을 보지 않으면 사람이 될 수 있다고 했어. 하지만 호랑이는 얼마 참아내지 못하고 굴을 뛰쳐나가고 말았어. 곰만이 환웅이 시키는 대로 참아내고 21일 만에 어여쁜 여자의 모습으로 변했단다. 여자가 된 곰은 환웅과 혼인해서 아들을 낳았어. 그게 바로 단군왕검이란다.

단군왕검

단군 신화를 믿을 수 없다고? 곰이 사람이 되고, 사람이 된 곰이 아들을 낳는다는 것은 있을 수 없는 일이잖아. 신화는 이야기를 말 그대로 받아들이는 게 아니라 그것이 뜻하는 바를 이해해야 하는 거야. 당시 사회는 작은 부족들이 연합해서 국가를 형성해 나가던 때였어. 하늘과 곰, 호랑이를 믿는 부족들이 서로 연합하려고 하는데, 호랑이를 믿는 부족은 이 무리들과 연합하지 않겠다면서 떨어져 나가 버린 거야. 그래서 남은 하늘을 믿는 부족과 곰을 믿는 부족이 힘을 합쳐서 고조선을 세운 것으로 볼 수 있단다.

<mark>고조선의 영토</mark>는 어디부터 어디까지였을까? 초기 고조선의 도읍은 랴오허강 유역의 요동과 요서 지방이었는데 점차 한반도 지역으로 옮겨 왔을 것으로 짐작하고 있단다.

이 같은 고조선의 영토 변화를 알려 주는 유물이 청동검인 비파형 동검과 한국식 동검이야. 고조선 초기 유물인 비파형 동검은 랴오허강 유역과 한반도 지역에서 발견된 반면에 고조선 후기 유물인 한국식 동검은 주로 한반도 지역에서 발견되고 있거든.

비파형 동검은 중국 악기인 비파의 모습을 닮았다고 해서 붙여진 이름이란다. 동검 전체를 한 덩어리로 만드는 중국식 동검과 달리 비파형 동검은 칼날과 손잡이를 따로 만들어서 붙이는 방법으로 만들었어. 그래서 비파형 동검은 고조선에서 독자적으로 만든 것으로 여겨진단다.

고조선 후기 한반도를 중심으로는 한국식 동검이 발견된다고 했지? 한국식 동검은 칼날이 가늘어서 세형 동검이라고도 불러.

고조선의 영토

고조선의 영토
= 청동검 + 미송리식 토기 + 고인돌
의 발견 지역!

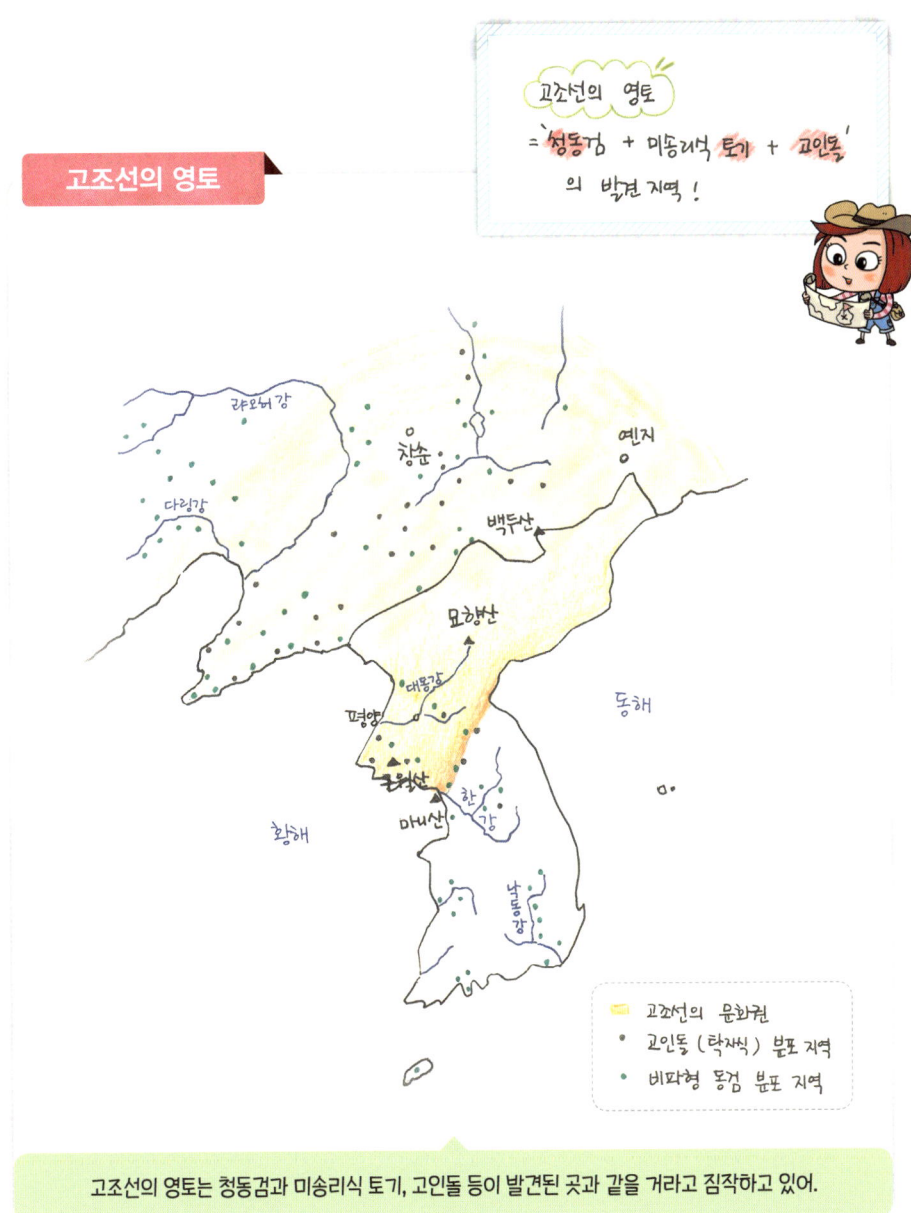

고조선의 영토는 청동검과 미송리식 토기, 고인돌 등이 발견된 곳과 같을 거라고 짐작하고 있어.

악기 비파를 닮은 **비파형 동검**

칼날이 가는 **세형 동검**

이 외에도 미송리식 토기, 고인돌 등이 발견된 곳으로 고조선의 영토가 어디였는지, 얼마만큼 되었는지를 짐작할 수 있어. 미송리식 토기는 평안도 미송리에서 발견되어서 붙여진 이름이야. 밑이 편평하고, 그릇을 잡기 편리하도록 몸체 양쪽에 손잡이가 달려 있지.

고인돌은 무거운 덮개돌을 굄돌 위에 올려놓은 형태의 무덤이야. 두 개의 굄돌이 평평한 덮개돌을 받치고 있는 모양의 탁자식 고인돌, 여러 개의 굄돌이 커다란 덮개돌을 받치는 바둑판식 고인돌, 받침돌 없이 덮개돌을 덮어 놓은 개석식 고인돌로 나누어지지. 고조선이 위치했던 북쪽에서는 주로 탁자식 고인돌이 발견된단다.

탁자식 고인돌

단군이 고조선을 다스린 법

단군 신화에서 살펴봤듯이 고조선은 작은 부족들이 모여 연맹 왕국을 만들고, 이후 강한 힘을 가진 나라로 발전했어.

나라를 다스리는 왕 아래로는 상, 대부, 장군 등의 관리를 두고 영토를 점점 넓혀 갔지. 사람들이 많아지면서 나라를 다스리는 일정한 약속과 규칙도 만들게 되었단다. 오늘날의 헌법이나 법률처럼 말이야. 그것이 바로 고조선의 8조법 이야. 중국 역사책《한서》〈지리지〉에는 8조법 중 3개 조항이 기록되어 있지.

첫째, 사람을 죽인 자는 사형에 처한다.
둘째, 남에게 상해를 입힌 자는 곡물로써 갚는다.
셋째, 남의 물건을 훔친 자는 노비로 삼는다. 만약 노비를 면하려면 돈 50만 전을 내야 한다.

8조법 중 3개 조항의 내용을 잘 살펴봐. 먼 옛날의 나라이지만 오늘날과 마찬가지로 사람의 생명과 재산을 중요하게 생각했음을 알 수 있어.
세 번째 조항을 보면 신분이 나누어진 계급 사회로 노예가 있었다는 것도 알 수 있겠지? 또 곡물로 갚거나 돈 50만 전을 내는 것으로 보아 개인이 재산을 가지고 있었고, 화폐도 사용된 것으로 보여.

고조선과 다른 나라들과의 관계

중국에 한나라가 등장할 무렵, 중국을 비롯한 주변 나라에서는 전쟁이 잦아지면서 사회가 매우 혼란스러워졌어. 이 혼란을 벗어나기 위해 고조선으로 옮겨 온 사람들이 있지. 그중 가장 대표적인 사람이

위만이야. 위만은 1천여 명의 사람들과 함께 연나라에서 고조선으로 옮겨 왔는데, 머리에는 상투를 틀고 고조선의 옷을 입고 있었다고 해. 그래서 위만 역시 고조선 계열의 인물로 보긴해.

고조선의 준왕은 위만에게 박사라는 관직을 주고 서쪽 국경을 지키게 했어. 하지만 기원전 194년 위만은 고조선의 왕검성을 공격해서 준왕을 쫓아내고 스스로 왕이 되었어. 그래서 이때부터를 위만 조선 이라고 한단다.

위만 조선은 청동기보다 더 발달된 철기 문화를 가지고 있었어. 단단한 철로 만든 농기구로 농사를 지어서 곡식을 더 많이 생산했고, 강력한 철제 무기로 주변 지역을 하나둘씩 정복해 나갔어.

그리고 고조선 남쪽에 있는 나라들이 중국 한나라와 직접 교역하지 못하게 한 다음, 고조선이 중개 무역 을 해서 이익을 얻기도 했어.

고조선이 강한 나라로 성장해 나가자 한나라는 위기감을 느꼈어. 특히 고조선 흉노와 손을 잡고 한나라의 위협이 되는걸 두려워 했지.

한나라 무제는 고조선의 우거왕에게 사신인 섭하를 보내서 한나라를 섬기라고 요구했지. 우거왕이 거절하자 섭하는 배웅하는 고조선의 신하를 죽였고, 이에 화가 난 우거왕 역시 군대를 보내서 섭하를 죽였단다. 고조선을 침략할 기회를 엿보던 한나라 무제에게 이 일은 좋은 구실이 되었고, 마침내 한나라는 고조선을 공격했어.

고조선의 멸망

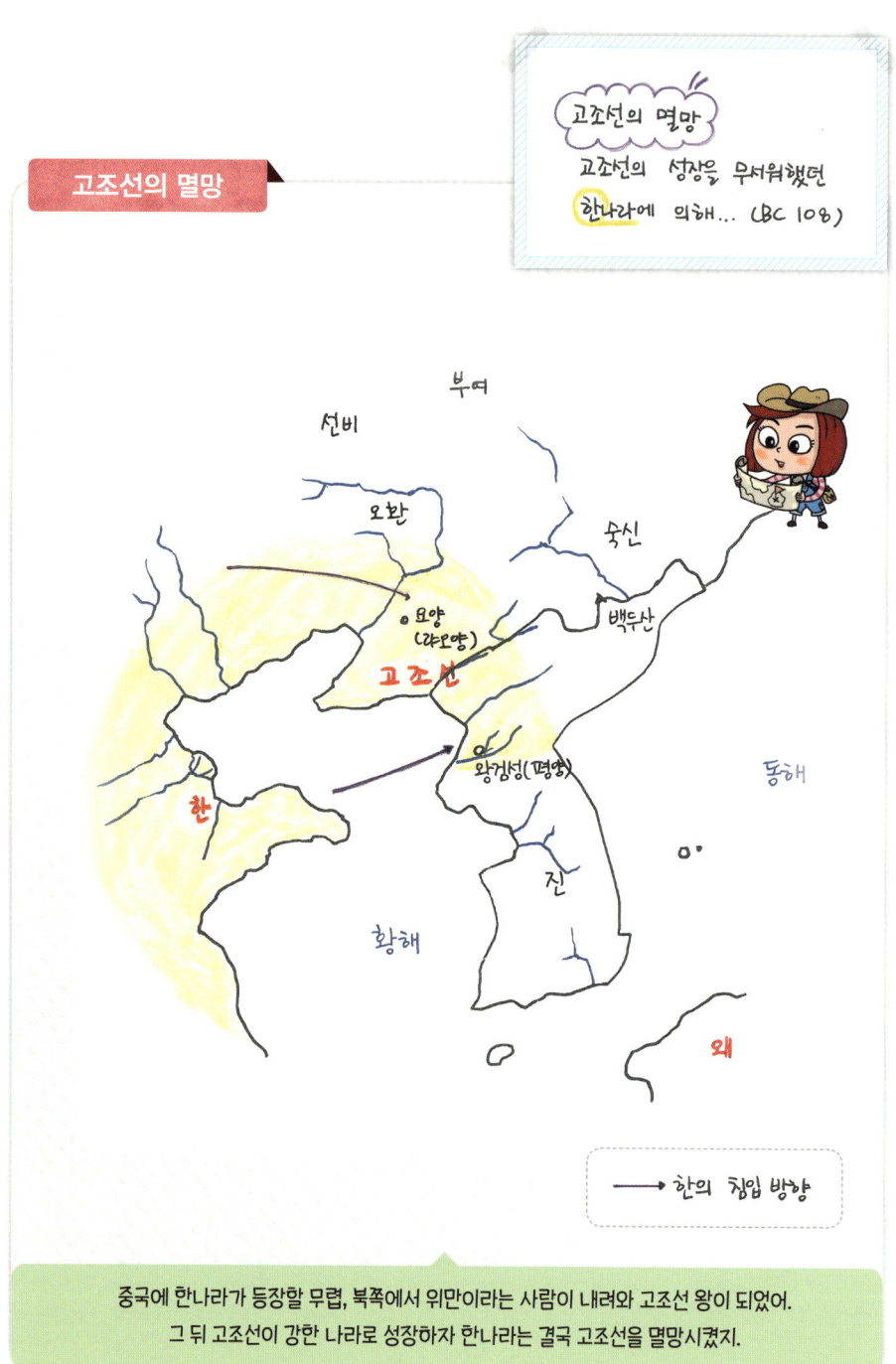

고조선의 멸망
고조선의 성장을 무서워했던 한나라에 의해... (BC 108)

중국에 한나라가 등장할 무렵, 북쪽에서 위만이라는 사람이 내려와 고조선 왕이 되었어. 그 뒤 고조선이 강한 나라로 성장하자 한나라는 결국 고조선을 멸망시켰지.

고조선은 왕검성에서 1년 동안 한나라 군대와 열심히 싸웠어. 그런데 고조선 신하 중에 전쟁을 반대하는 사람들이 있었단다. 그들은 결국 우거왕을 죽이고, 마지막까지 한나라와의 전쟁을 이끌던 신하까지 죽이고 말았어. 그러자 왕검성은 무너졌고, 고조선은 기원전 108년에 멸망하게 되었지.

물론 고조선이 멸망했다고 우리 민족이 사라진 것은 아니야. 고조선 이후에 한반도에는 청동기보다 더 발달한 철기 문화를 바탕으로 크고 작은 여러 나라들이 등장했단다.

다음 장에서는 고조선 이후에 나타난 여러 나라에 대해서 알아보기로 하자.

고조선 이후에 나타난 여러 나라들
3장

고조선 이후에는 어떤 나라들이 있었을까?

북쪽에서부터 살펴보면 부여, 고구려, 옥저, 동예, 삼한 등의 많은 나라가 있었지. 강한 철로 만든 무기를 가지고 주변 국가를 정복하면서 여러 나라들이 등장한 거야.

지금부터 부여, 옥저, 동예, 삼한에 대해 알아보기로 하자. 이 나라들에 대한 자세한 내용은 중국 사람 진수가 기록한 《삼국지》《위서》〈동이전〉을 통해 알 수 있어. 《삼국지》《위서》〈동이전〉은 중국 위촉오 삼국 시대에 관한 역사책이야. 이 책에는 중국의 나라들뿐만 아니라 주변에 있는 다른 나라들에 대해서도 기록되어 있지. 우리나라는 동쪽에 위치한 나라여서 〈동이전〉편에 기록되어 있단다.

부여

고조선 다음, 우리나라에 두 번째로 등장한 나라란다. 사실 부여는 고조선이 멸망하기 전부터 있었어. 뒤에 등장하는 고구려, 백제가 나라의 뿌리를 부여에 두고 있을 정도로 중요한 나라란다.

부여의 위치

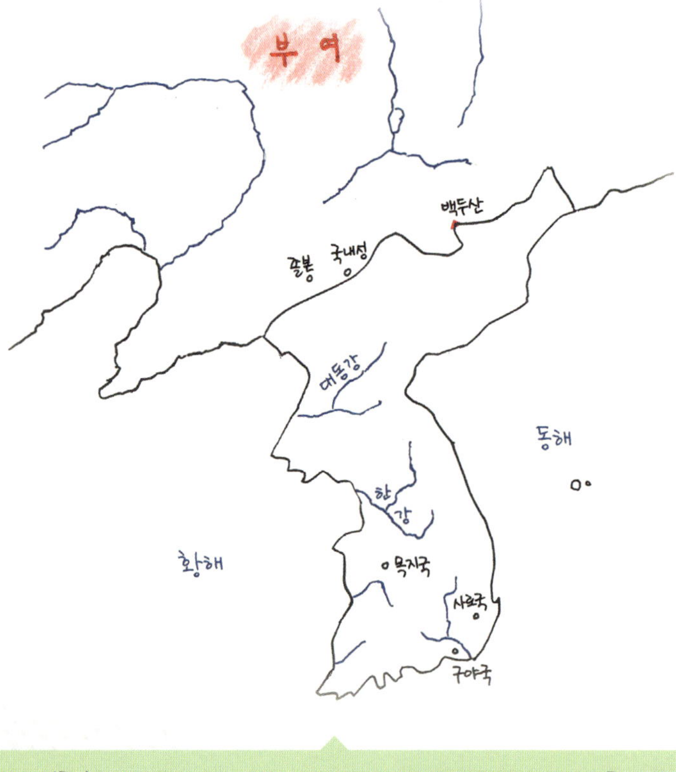

한반도 북쪽 송화강이 흐르는 곳에 있던 나라야. 고구려와 백제의 뿌리 나라라고 할 수 있지.

부여는 송화강이 흐르는 넓은 평야에 자리 잡고 있었어. 이곳은 농사를 짓고 가축을 기르기에 좋은 곳이었지. 그래서 부여에서는 일찍부터 목축이 발달했어.

부여는 어떻게 나라를 다스렸을까? 우선 나라의 중앙은 왕이 다스렸단다. 그리고 나머지 지역을 동, 서, 남, 북 네 지역으로 나누어 마가, 우가, 저가, 구가로 불리는 4명의 귀족이 독자적으로 다스렸어. 독자적으로 다스렸다는 것은 귀족들이 다스리는 지역에 대해서 왕이 간섭할 수 없다는 뜻이야. 이렇게 나누어진 부여의 4개 행정 구역을 사출도 라고 불렀어. 사출도에서 귀족들은 막강한 힘을 가지고 있어서 왕이 정치를 잘하지 못하거나, 나라에 흉년이 들고 큰일이 생기면 그 책임을 왕에게 물어서 쫓아내기도 했대.

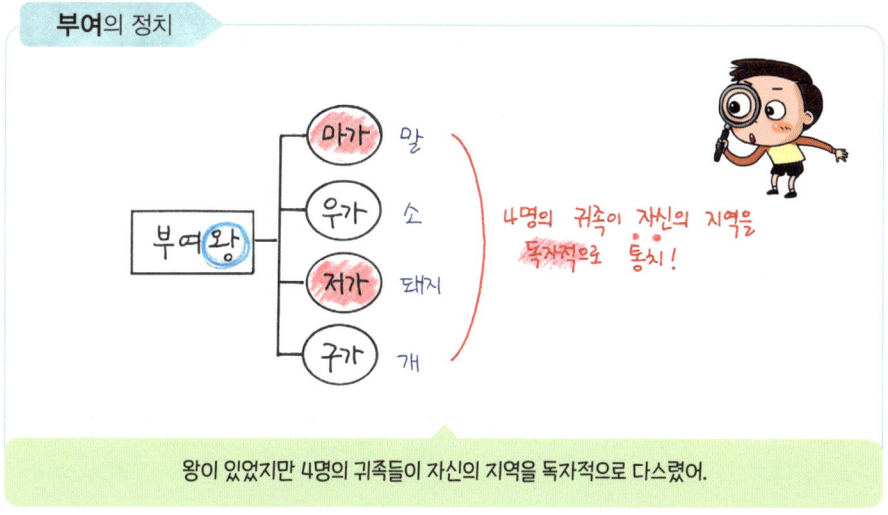

부여에서는 일찍부터 목축업이 발달했다고 말했지? 그래서인지 막강 파워를 자랑하는 귀족인 마가, 우가, 저가, 구가는 각각 말, 소, 돼지, 개를 상징하는 이름이야. 도, 개, 걸, 윷, 모! 우리가 명절에 즐기는 민속놀이인 윷놀이도 바로 부여의 통치 구조에서 유래했다는 이야기가 있어.

부여에도 고조선처럼 법이 있었을까? 《삼국지 위서 동이전》을 보면 부여 법에 대한 이야기가 조금 나와. 고조선의 8조법과 비슷한 것도 있지만 더 강력한 벌도 있단다.

> 다른 사람을 죽인 자는 사형에 처하고, 그 가족은 노비로 삼는다.

사람을 죽인 본인은 물론이고, 가족에게까지 책임을 묻는다는 거야. 어때, 고조선보다 더 엄격하지? 부여 사람들도 생명을 매우 중요하게 여긴 것을 알 수 있어. 노비에 대한 이야기는 신분 제도가 있었다는 걸 보여 주지.

다른 사람의 물건을 도둑질했을 때는 물건 값의 무려 12배를 물어내게 했어. 이를 '1책 12법'이라고 불러.

남편을 질투하는 아내를 비롯해서 바람을 피우는 사람들은 사형에 처한다는 내용도 있어. 이렇게 강력한 법을 보니 부여 사람들은 늘

두려움에 떨면서 살았을 것 같다고? 아니야, 그렇지 않아.

부여에는 매년 12월 하늘에 제사를 지내는 영고 라는 제천 행사가 있었어. 축제라고 할 수 있지. 이날은 하늘에 제사를 지내고, 밤새도록 술과 음식을 나누어 먹으면서 춤추고 노래를 불렀다고 해.
부여에는 순장 제도 가 있었어. 순장은 왕이나 귀족 등 지배층이 죽었을 때 그들이 거느리던 신하나 노비를 같이 무덤에 묻는 풍습이야. 왕이나 귀족들은 죽어서도 노비들이 필요하다고 생각했던 것 같아. 순장 제도는 부여뿐만 아니라 삼국 시대에도 있었어.

옥저와 동예

한반도 북쪽에서 부여와 고구려가 발달하고 있을 때 백두대간 동쪽에는 옥저와 동예가 있었어. 《삼국지》《위서》〈동이전〉에 옥저, 동예, 고구려 세 나라는 언어와 풍속 등이 비슷한 같은 종족이라고 기록되어 있어. 세 나라 중에서 가장 강했던 나라가 고구려야. 옥저와 동예는 강력한 왕권을 갖지 못했어. 고구려에 해산물이나 소금 등의 특산물 을 바치는 간접 지배를 받다가 점차 고구려에 정복되었단다.

백두대간 동쪽에 있던 나라들이야. 고구려만큼 강해지지 못해서 나중에 정복되고 말아.

옥저와 동예의 사회에 대해서 자세히 알아볼까?
우선 옥저에는 민며느리제 라는 독특한 결혼 풍습이 있었어. 아들을 가진 집에서 10세 정도 된 여자아이를 며느릿감으로 점찍어서 집으로 데려와 키우는 제도야. 일할 사람이 꼭 필요했던 시대에 노동력을 확보하기 위한 제도였지.

동예에는 같은 마을 사람들끼리는 결혼하지 않는 족외혼 제도 와 다른 부족의 땅에 들어가지 않는 책화 라는 제도도 있었단다. 만약 허락을 받지 않고 다른 부족의 영역을 침범했다면 소, 말, 노비로 변상해야 했지.

고구려에 비해 남쪽에 위치한 동예는 토지가 비옥했어. 게다가 동해안에 자리 잡고 있어 해산물도 풍부했단다. 또한 동예의 특산물 중 하나인 과하마 는 과일나무 밑을 지나갈 수 있을 정도로 작은 말이지만 힘이 아주 셌다고 해. 동예는 이런 특산물을 고구려에 공물로 바쳤단다. 동예에도 부여처럼 제천 행사가 있었어. 무천 이라고 하는데 매년 10월에 열렸단다.

삼한

한반도의 북쪽에서 부여, 고구려, 옥저, 동예 등이 등장할 때 남쪽에서도 크고 작은 많은 나라가 발달했어. 남쪽에서는 부여와 고구려처럼 강력한 왕권을 가진 나라가 등장하지 못하고 크고 작은 나라들이 서로 연합했어.

가장 많은 나라가 모여 있던 곳이 마한 지역이야. 마한은 오늘날 경기, 충청, 전라도 지역으로 54개의 크고 작은 나라들이 가장 힘이 센 목지국의 지휘 아래에 있었지. 낙동강을 따라 오늘날의 대구와 경주 지역에는 12개의 크고 작은 나라들이 모여 있었는데 이곳을 진한 이라고 해. 김해와 마산을 중심으로 철을 통해 일본과 교역을

삼한의 위치

크고 작은 나라들이 서로 연합해 마한, 진한, 변한을 이루었는데, 이 셋을 삼한이라고 해.

한 12개의 해상 세력도 등장했는데, 이곳은 변한 이라고 불러. 이렇게 마한, 진한, 변한을 삼한이라고 해.

삼한은 날씨가 따뜻하고 비옥한 평야가 있어서 일찍부터 벼농사 가 발달했어. 벼농사에 필요한 저수지도 만들었지. 김제 벽골제와 제천에 있는 의림지는 이 시기에 만들어진 거야.

삼한에는 철이 풍부하게 나서 일찍부터 철기 문화가 발달했어. 철제 농기구는 농사에 큰 보탬이 되었지.

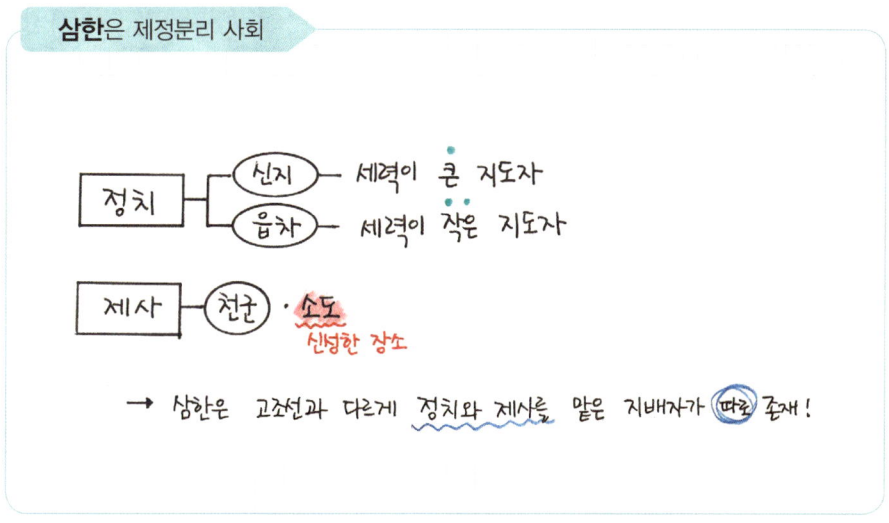

삼한은 나라를 다스리는 사람과 제사를 지내는 사람이 서로 달랐어. 단군왕검 기억나니? 단군왕검은 정치와 종교를 모두 지배한 우두머리잖아. 고조선은 제정일치 사회였던 거야. 하지만 삼한은 나라를 다스리는 정치 지배자와 제사를 맡은 사람이 달랐어. 삼한에서는 정치

를 맡은 큰 지배자는 신지, 작은 지배자는 읍차라고 불렀어. 제사를 맡은 사람은 천군이라고 불렀어. 천군은 소도라는 독립된 곳에서 생활했는데 솟대가 세워져 있어서 멀리서도 확인할 수 있었지. 만약 죄인이 소도로 도망가면 잡으러 갈 수가 없었대.

삼한에도 풍년을 기원하는 제천 행사가 있었는데, 매년 5월과 10월에 열렸어.

솟대

솟대가 세워진 곳은 제사장인 천군이 있는 소도라는 신성한 장소임을 나타내.

주몽이 한반도 북쪽에 세운 나라, 고구려

4장

한반도에 등장했던 크고 작은 나라들은 정복 전쟁을 통해 강력한 왕권을 가진 나라만 살아남게 되었어. 고구려, 백제, 신라가 바로 그 나라들이야. 고구려, 백제, 신라가 있던 시기를 삼국 시대라고 해.

그럼 이 장에서는 고구려에 대해 알아볼까?

고구려는 압록강 유역의 졸본 지역에 주몽이 세운 나라 야. 그렇다면 주몽은 어디에서 와서 고구려를 세웠을까? 전에 배웠던 내용을 잘 기억하고 있다면 정답을 알 수 있을 거야. 주몽이 살았던 나라는 왕을 중심으로 마가, 우가, 저가, 구가 등의 귀족들이 함께 나라를 다스리던 곳이었어. 그래, 주몽은 부여 사람이었어.

고구려의 건국과 발전

새로운 나라를 세운 왕답게 주몽의 탄생에는 보통 사람들과 다른 비밀이 숨어 있어.

주몽이 살던 시대에는 부여의 위치가 동쪽에 있다고 해서 동부여라고 불렀어. 당시 동부여는 금와왕이 다스리고 있었지. 사냥을 떠났던 금와왕이 태백산 남쪽의 우발수에 이르렀을 때, 강가에서 울고 있는 유화를 보게 되었어.

유화는 물의 신인 하백의 딸이야. 유화는 하늘에서 내려온 해모수와 첫눈에 반해서 혼인했는데 그만 해모수가 떠나 버렸어. 뒤늦게 이 사실을 알게 된 하백은 부모의 허락 없이 혼인한 유화를 집에서 쫓아냈지.

부모에게 쫓겨난 유화가 강가에서 울고 있다가 금와왕을 만나게 된 거란다. 유화를 불쌍히 여긴 금와왕은 유화를 궁궐로 데리고 와서 살게 했어. 그런데 얼마 후 유화가 커다란 알을 낳았어. 세상에 이런 일이! 사람이 알을 낳는다는 것은 있을 수 없는 일이잖아. 금와왕은 이것을 불길하다고 생각해서 알을 내다 버리라고 했어. 그런데 동물들이 모두 알을 피해 가거나 오히려 알을 따뜻하게 품어 주었어. 왕은 알을 깨뜨리려고도 했지만 깨지지 않았어. 결국 금와왕은 알을 다시 유화에게 돌려주었어. 며칠 뒤에 알에서는 건강한 사내아이가 나왔단다. 아이는 영리하였고, 게다가 활을 잘 쏘았단다. 이렇게 태어난 아이가 바로 주몽이야. 주몽은 부여 말로 '활을 잘 쏘는 사람'이라는 뜻을 가지고 있어.

주몽이 주위 사람들의 칭찬을 받으며 모든 면에서 뛰어나자 금와왕의 아들들은 주몽을 시기하고 질투한 나머지 심지어 주몽을 죽이려고 하였어. 결국 주몽은 오이, 마리, 협보와 함께 부여에서 도망치게 되었어. 졸본으로 내려온 주몽은 그곳에서 세력을 가지고 있던 소서노와 결혼하게 되었지. 그리고 기원전 37년 나라를 세우고 왕이 되었는데 나라 이름을 '고구려'라고 했단다.

주몽의 뒤를 이어 왕위에 오른 사람은 유리왕 이야. 유리왕은 주몽이 고구려를 세우기 전에 부여에서 결혼한 예씨 부인 사이에서 태어난 아들이란다. 주몽과 소서노 사이에서 태어난 아들인 비류와 온조는 후에 백제를 세우게 돼. 이 이야기는 백제 편에서 다시 만나게 될 거야.

유리왕은 고구려의 도읍을 졸본에서 압록강가의 국내성으로 옮겼어. 고구려의 태조왕 은 옥저를 정복하고 요동 지방으로의 진출을 꾀하면서 영토를 확장했어. 그리고 왕권을 강화하고 계루부 고씨가 왕위를 이어 가면서 비로소 나라의 모습을 갖추게 되었지.

그리고 고국천왕 은 신하 을파소의 주장을 받아들여 가난한 백성을 위한 진대법을 실시했어. 진대법은 나라에서 양식이 떨어지는 봄철에 곡식을 빌려주고, 가을에 추수할 때 갚게 하는 제도야. 진대법이 실시되면서 귀족들의 횡포로 억울하게 노비가 되는 백성들이 줄어들게 되었어.

활발한 정복 전쟁으로 영토를 확장하던 고구려는 백제 근초고왕의 공격으로 고국원왕이 죽음을 맞게 된 슬픈 일을 겪었어.
고국원왕 의 뒤를 이은 소수림왕 은 마냥 슬퍼할 수만은 없었어. 먼저 나라를 재정비하려고 노력했지. 소수림왕은 불교를 받아들여 고구려 사람들의 정신적 통일을 꾀하였어. 그리고 교육 기관으로 태학을 만들어 많은 인재들을 길러 냈지. 그런 다음에 율령을 반포해서 통치 체제를 새롭게 정비했어. 소수림왕의 노력으로 나라 안에서 안정을 되찾게 되자 뒤이어 등장하는 왕들은 밖으로 영토 확장에 힘을 쏟았어. 대표적인 왕이 광개토 대왕이야.

광개토 대왕 은 북쪽으로 거란과 후연, 숙신과 동부여 등을 굴복시키고, 남쪽으로는 백제를 공격해서 관미성 등의 한강 북쪽까지 땅을 차지하면서 백제 아신왕의 항복을 받아 냈어. 왕이 돌아가신 후에 붙여지는 이름을 '시호'라고 하는데 광개토 대왕의 시호를 보면 '국강상광개토경평안호태왕'이라고 되어 있단다. 그 뜻을 살펴보면 영토를 넓히고 백성을 평안하게 다스린 위대한 왕이라는 의미야. 우리는 시호를 줄여서 광개토 대왕이라고 부르지. 광개토 대왕은 고구려를 동북아시아 최강의 나라로 만들었어. '영락'이라는 독자적인 연호도 사용했단다. 연호는 중국 황제만 사용할 수 있었는데 고구려가 독자적으로 연호를 사용했다는 것은 그만큼 세력이 막강했다는 것을 의미해. 북쪽으로 활발한 정복 전쟁을 치르던 광개토 대왕은 신라 내물왕으로부터 도와달라는 요청을 받았어. 바다 건너의 왜가 신라를 자주 괴롭히고 있었거든. 광개토 대왕은 군사 5만을 보내어 신라를 침입한

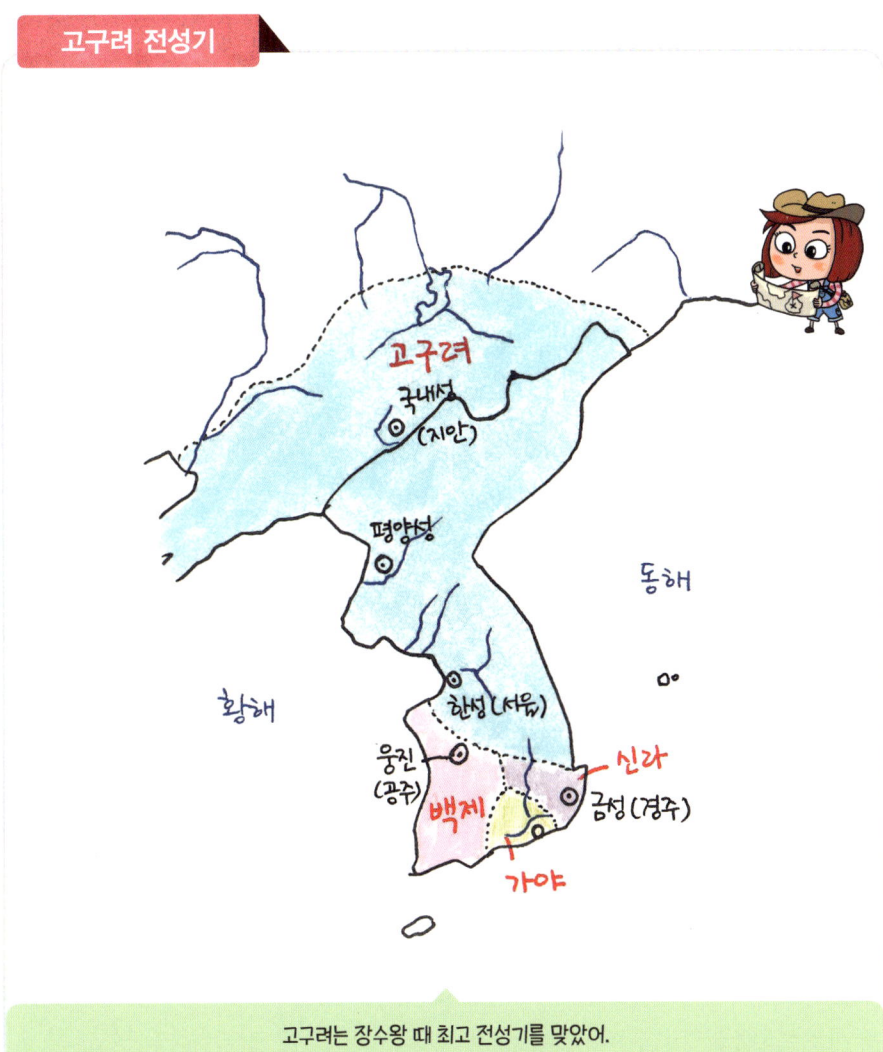

고구려는 장수왕 때 최고 전성기를 맞았어. 북쪽으로 땅을 넓힌 것은 물론, 국내성에서 평양성으로 도읍을 옮기며 남쪽으로도 세력을 뻗쳤어.

왜를 물리치고, 더 나아가 가야 지역까지 공격했어. 결국 광개토 대왕의 영향으로 김수로왕이 세운 금관가야의 세력이 약해지고 내륙에 있던 대가야가 새롭게 성장하게 되었단다.

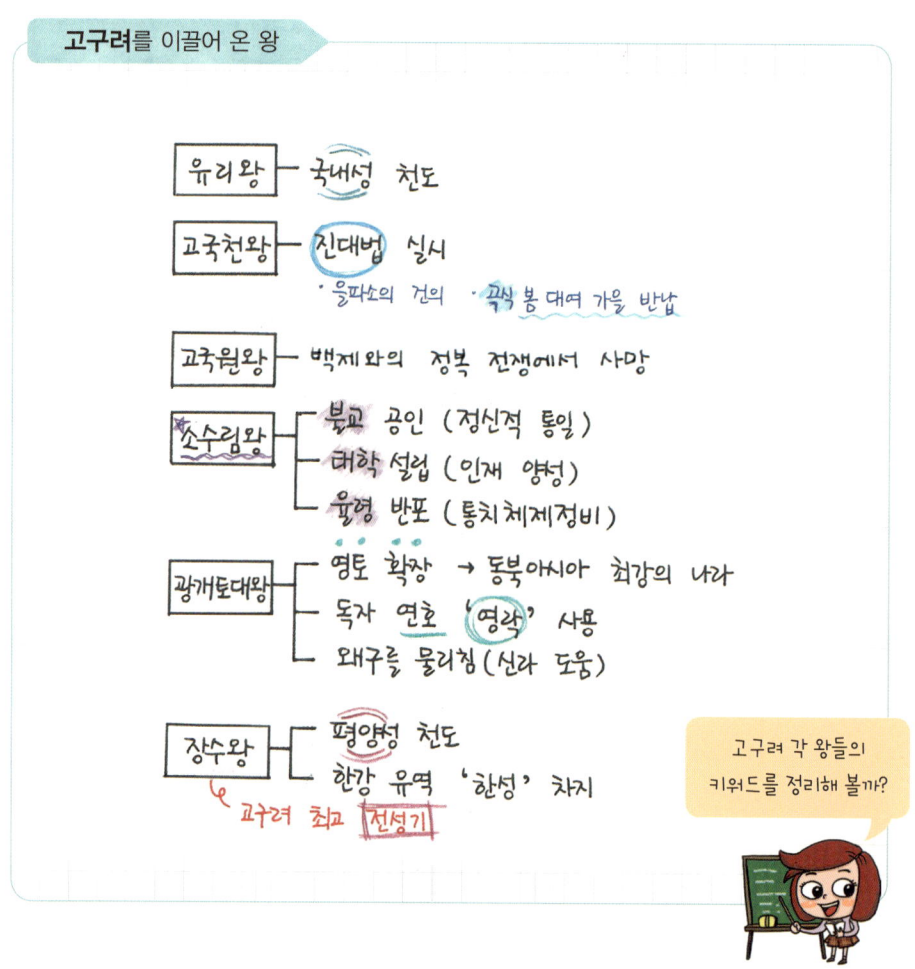

광개토 대왕의 뒤를 이어 왕위에 오른 사람은 장수왕 이야. 이 시기가 고구려의 최고 전성기라고 할 수 있단다. 장수왕은 중국의 북위뿐만 아니라 남중국의 동진, 송 등에도 사신을 보내 친밀한 관계를 유지하기도 했어. 그리고 장수왕은 도읍지를 국내성에서 남쪽에 위치한 평양성으로 옮겼어. 평양성으로 수도를 옮긴 것은 장수왕이 백제를 겨냥해 남으로 세력을 확장하려는 거였어. 그러자 백제는 신라

와 나제 동맹을 맺기도 했단다.

드디어 결전의 시간이 되었어. 장수왕은 마침내 백제에 의해 죽임을 당한 고국원왕의 원수를 갚으려 했어. 475년 장수왕은 백제의 한성을 함락하고, 아차산에서 개로왕을 처형했단다. 고구려는 삼국 시대 교통의 중심지였던 한강 유역까지 차지했어. 백제는 한성과 한강 유역을 잃고, 웅진(공주)으로 도읍을 옮길 수밖에 없었어.

고구려의 대외 관계

자, 이제부터는 고구려가 크게 승리한 수나라, 당나라와의 전쟁 이야기를 들려줄게.

고조선을 멸망시킨 나라가 어디였는지 기억나? 바로 한나라야. 중국에서는 한나라가 멸망한 뒤 수많은 나라가 등장했어. 위·촉·오 삼국 시대를 비롯한 위·진·남북조 시대의 분열기가 이어졌지. 이러한 분란을 수습하고 중국을 통일한 게 수나라야.

중국과 국경을 맞대고 있는 고구려의 입장에서 강력한 통일 국가의 등장은 썩 반가운 일은 아니었어. 게다가 장수왕 때 차지했던 한강 유역을 신라에 빼앗기기도 했지. 온달 장군은 한강 유역을 되찾기 위해 신라와 맞서 싸웠지만 안타깝게도 전사하고 말았어.

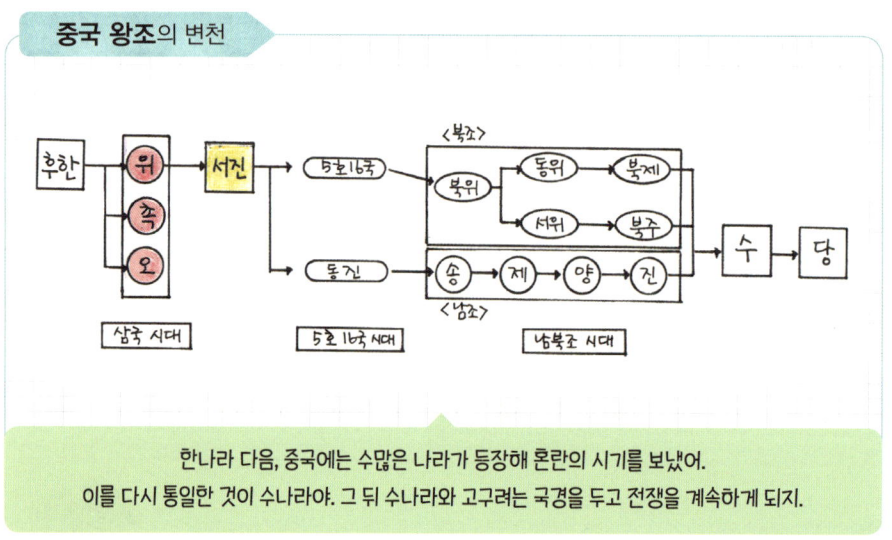

한나라 다음, 중국에는 수많은 나라가 등장해 혼란의 시기를 보냈어.
이를 다시 통일한 것이 수나라야. 그 뒤 수나라와 고구려는 국경을 두고 전쟁을 계속하게 되지.

고구려는 혼란을 수습하기 위해 먼저 중국의 요서 지방을 공격했어. 수나라 역시 고구려를 공격했지만 실패했지. 수나라는 군대를 재정비해서 113만 대군을 이끌고 다시 고구려를 공격했어. 수나라는 요동성을 비롯해 국경 부근의 고구려 산성을 공격했지만 역시 함락시키지 못했지.

산성 함락에 실패하자 수나라는 작전을 바꾸어 30만의 별동대를 만들어 바로 평양성을 공격해 들어왔단다. 이때 수나라에 맞서 고구려를 지켜 낸 사람이 바로 **을지문덕 장군**이야. 을지문덕은 수나라와의 전쟁에서 일부러 지는 척하면서 적을 평양성 부근까지 유인했어. 또한 전쟁을 이어 나가며 수나라 별동대를 지치게 만들고, 고립 작전을 펴서 식량이 전달되는 것마저 차단시켰어. 그러자 수나라 군대는 점점 겁이 났어. 도망가고 싶었지만 체면상 그럴 수도 없었지.

그때 을지문덕은 수나라 장수 우중문에게 시를 보냈단다.

> 신묘한 책략은 하늘의 이치를 꿰뚫어 알고,
> 신묘한 헤아림과 꾀는 땅의 이치에 다하였다.
> 이미 전쟁에서 이긴 공이 높으니
> 만족함을 알고, 그만두는 것이 어떠한가.

편지를 받은 우중문은 수나라로 돌아가고 싶었지만 명분이 없었어. 이때 을지문덕은 사신을 보내 수나라가 철수하면 직접 수나라 황제를 찾아가겠다는 거짓 항복을 했어. 여기에 속은 수나라 군대가 살수를 건널 때쯤, 을지문덕이 이끄는 고구려군의 기습 공격이 시작되었어. 결국 수나라의 30만 별동대 중에서 살아 돌아간 군사는 2,700명뿐이었어. 이 전쟁이 우리나라 3대 대첩 중 하나인 살수 대첩 이야. 대첩은 전쟁에서 크게 승리한 것을 말해. 우리나라 3대 대첩은 살수 대첩, 귀주 대첩, 한산도 대첩이란다.

수나라는 어떻게 되었을까? 고구려와의 전쟁에서 힘을 다 쓴 수나라는 국력이 약해지고, 백성들이 먹고살기가 어려워지자 결국 멸망하고 말았어.

수나라가 멸망하고 뒤를 이은 나라가 당나라 야. 살수 대첩의 위력을 본 당나라는 쉽게 고구려를 공격하지 못했어. 고구려 역시 국경 부근에 천리장성을 쌓으면서 당나라의 침략에 대비했지. 당시 고구려에서는 연개소문이 최고 관직에 있었어. 연개소문은 백제와 손잡고, 한강 유역을 빼앗아 간 신라에 강력하게 대응했어.

백제 역시 자신들과의 약속을 어기고 한강 유역을 차지한 신라를 계속해서 압박했어. 그러자 신라는 당나라에 도움을 요청했단다. 이에 당 태종은 군대를 이끌고 고구려를 공격했어. 수나라의 100만 대군에도 굳건했던 고구려의 요동성 등이 당나라의 침략에 함락되고 말았어. 당나라는 기세를 몰아 안시성까지 공격했어. 하지만 안시성에는 양만춘 장군이 이끄는 고구려 군사들과 백성들이 있었단다. 이들은 당 태종의 공격에도 끝까지 굴하지 않고 성을 지켰어. 60여 일이 넘도록 안시성을 함락하지 못한 당나라는 고구려 정벌을 포기하고 되돌아갔단다.

이처럼 고구려는 수나라와 당나라의 공격을 모두 물리쳤어. 그렇지만 오랜 전쟁으로 백성들은 지쳐 버렸고, 지배층의 권력 다툼마저 일어났단다. 연개소문이 죽자 그의 아들인 남생과 남건, 남산 사이에 갈등이 생긴 거야. 연개소문의 큰아들 연남생은 당나라에 항복했고, 결국은 신라와 당나라 연합군이 고구려를 공격할 때 앞장서기도 했단다. 굳건했던 고구려는 668년 평양성이 함락되면서 멸망하고 말았어.

고구려 사람들의 의식주

지금까지 고구려의 정치를 알아보았으니 이제 고구려 백성들의 생활에 대해서 알아볼까? 우리는 고분 벽화를 통해 당시 사람들의 생활 모습을 엿볼 수 있단다. 고분 벽화는 무덤 속에 그린 그림이야.

고구려 수산리 고분 벽화 속 귀족 여인의 옷차림

귀족 여자가 입은 색동 주름치마가 서로 비슷해. 두 나라 사이에 문화 교류가 있었음을 알 수 있지.

일본 다카마쓰 고분 벽화 속 귀족 여인의 옷차림

고구려 시대에 다양한 모습을 그린 고분 벽화가 오늘날까지 많이 남아 있단다.

고구려 고분 벽화를 통해 고구려 사람들의 의식주를 알아볼까?

고구려 시대에 유행했던 옷 은 무엇일까? 고분 벽화 속 사람들은 물방울무늬가 새겨진 옷을 많이 입고 있어. 당시 트렌드가 물방울무늬였나 봐. 남자들은 저고리와 바지를 입고, 여자들은 저고리와 치마를 입었어. 저고리는 엉덩이를 덮을 정도로 긴 것이 특징이야.

깃과 소매 끝동 등 옷의 가장자리에 다른 천을 대어서 좀 더 고급스럽게 만든 것 같지? 귀족들은 저고리 소매를 더 넓고 더 길게 해서 입었어. 치마는 주름이 선명하게 잡혀 있는데, 귀족들은 색동으로 된 주름치마를 입기도 했어.

이번에는 고구려 고분 벽화 속 귀부인과 일본 다카마쓰 고분 벽화 속 귀부인의 옷차림을 비교해 볼래? 긴 저고리에 색동 주름치마를 입은 모습이 매우 비슷해서 고구려와 일본 사이에 문화 교류가 있었음을 알 수 있어.

일을 많이 해야 하는 일반 백성들은 활동하기 편하도록 저고리 소매와 바지통을 좁게 해서 입거나 아예 치마 대신 바지를 입기도 했어.

고구려 사람들은 무엇을 먹었을까? 대표적인 음식이 맥적 이야. 장을 사용해서 고기를 양념하고 숯불에 구워 먹는 음식으로, 멧돼지나 사슴 등으로 만들었지. 소는 농사를 짓거나 수레를 끄는 데 중요한 동물이기 때문에 고기로는 잘 먹지 않았어. 고구려 안악 3호분의 벽화를 봐. 부뚜막에 올려진 시루와 요리하는 사람의 모습이 보이고, 그 옆에 고기 창고에는 사냥해 온 사슴과 꿩 등이 매달린 것도 볼 수 있어.

고구려의 그릇은 오늘날 우리가 사용하는 그릇과 비슷한 것들이 많아. 구절판 그릇처럼 다섯 개의 칸막이로 나누어진 그릇, 장을 담아 놓은 것 같은 항아리, 떡을 찔 때 사용하는 시루 등을 이미 고구려에서 사용하고 있었지.

고구려 안악 3호분 벽화

고구려 부엌의 모습을 살펴볼 수 있어.

고구려의 집 도 알아볼까? 고분 벽화 속에 등장하는 주인공의 집은 기와집이야. 신분에 따라 사람들이 생활하는 곳이 구분되어 있고, 방앗간, 고기 창고, 외양간 등도 있단다.

귀족이나 왕이 사는 궁궐, 관청 등은 기와집으로 지었고, 일반 백성들은 초가집에서 살았던 것으로 보여. 옛날 한강 주변에 고구려 군사들이 머물던 보루 중 홍련봉 1보루에서는 기와 조각이 발견되었는데, 그것을 보면 신분이 높은 장군이 거기서 생활했을 것으로 짐작돼.

고구려 집의 가장 큰 특징은 구들이야. 추운 겨울에 방을 따뜻하게 데워 주고 유지해 주는 이 난방 기술이 고구려에서 처음으로 시작되었지. 고구려 시대에는 방 일부분에만 설치된 구들이 조선 시대에 와서 방 안 전체에 사용된 거야.

고구려의 정신과 문화

고분 벽화를 통해 고구려의 예술과 놀이 문화도 엿볼 수 있단다. 고구려 무덤과 고분 벽화는 고구려 사람들의 최고 예술 작품이라고도 할 수 있거든. 고구려의 무덤은 돌을 쌓아 올려 만든 돌무지무덤에서 돌로 방을 만든 돌방무덤으로 변화했어. 벽화는 주로 돌방무덤에서 발견된단다.

처음에는 벽화에 일상생활의 모습과 풍습 등을 남겼지만 불교가 발달하면서 연꽃 등 불교 세계를 표현했어. 청룡, 백호, 주작, 현무 등의 사신도나 태양을 상징하는 세발까마귀, 달을 상징하는 두꺼비, 신선들, 하늘의 별자리를 그려 넣기도 했지.

벽화 속에는 고구려인의 용맹한 기상도 드러나 있어. 씨름을 시작하려는 남자 두 명이 윗옷을 벗고, 온몸에 힘을 잔뜩 주고, 상대방의 샅바를 잡고 있는 모습을 그린 그림도 볼 수 있지.

무용총 이라는 벽화에서는 춤을 추는 사람들과 용맹한 모습으로 사냥하는 고구려 사람을 만날 수 있단다. 달리는 말 위에서 뒤로 돌아 활시위를 당기는 모습이 살아 움직이는 것 같이 생동감이 넘친단다.

무용총 벽화

고구려에는 서옥제 라는 독특한 결혼 풍습이 있었어. 신랑이 신부의 집에 가서 생활하는 제도인데, 딸의 결혼 이야기가 나오면 집 뒤편에 서옥이라는 작은 집을 만들었어. 서옥은 사위가 사는 집이라는 뜻이야. 딸과 결혼하기를 원하는 남자가 있으면 먼저 서옥에서 함께 살게 했단다. 그러다 아이가 태어나서 자라면 딸은 이제 남자 집으로 가서 살게 돼. 왜 서옥제가 생겨났을까? 노동력이 중요했기 때문이야. 남자가 먼저 여자 집을 위해 얼마간 일을 해 주고, 나중에 여자를 자기 집으로 데리고 오는 거지.

지금까지 고구려의 이모저모를 살펴보았어. 고구려는 한반도의 북쪽에 위치하여 중국 등 국경 부근의 나라들로부터 한반도를 지키는 역할을 했어. 그 흔적을 만날 수 있는 게 중국 지안시에서 발견된 광개토 대왕릉비야. 장수왕이 만든 것으로, 비석에는 고구려를 세운 주몽의 이야기와 광개토 대왕의 업적이 기록되어 있어.

충주 고구려비는 고구려가 한강 유역을 차지하고 남쪽으로 영토를 확장하면서 만들었을 것으로 생각되는 비석이야. 많이 훼손되어 안타깝지만 고구려의 역사를 되살리는 데 중요한 자료가 되고 있지.

온조가 한강 유역에 세운 나라, 백제

5장

백제를 세운 사람은 온조야.

그런데 온조에 대해서 알아보려면 먼저 고구려 건국 과정부터 다시 살펴봐야 해. 주몽이 졸본 지역에서 고구려를 세울 때 그 곳에서 세력을 가지고 있던 소서노와 혼인해서 도움을 받았다고 했지? 주몽과 소서노 사이에서 태어난 아들이 바로 비류와 온조란다.

백제의 건국과 발전

주몽에게는 이미 부여에서 결혼한 예씨 부인에게서 태어난 아들 유리가 있었어. 결국 고구려에서는 주몽에 이어 유리가 왕위에 올랐지. 그래서 비류와 온조는 어머니 소서노를 모시고 새로운 나라를 세우기 위해 남쪽으로 내려왔단다.

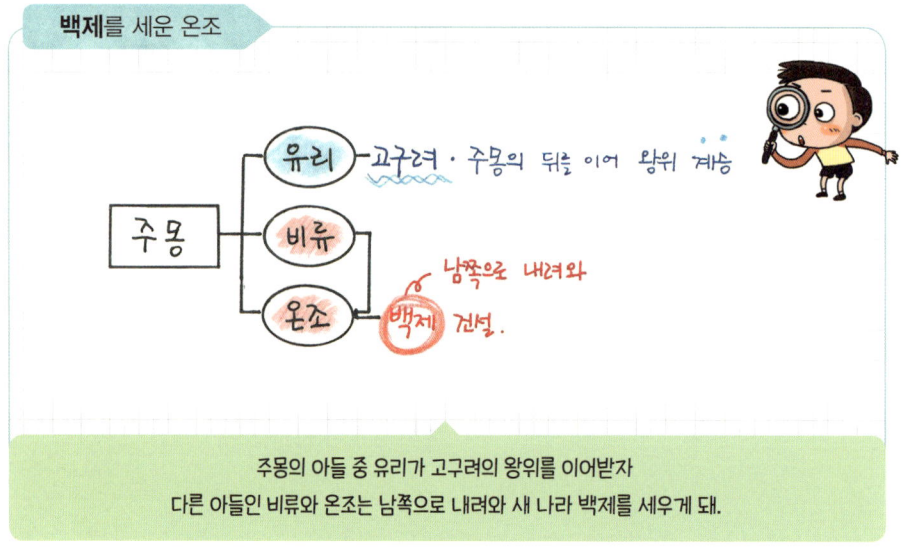

주몽의 아들 중 유리가 고구려의 왕위를 이어받자 다른 아들인 비류와 온조는 남쪽으로 내려와 새 나라 백제를 세우게 돼.

이때 열 명의 신하와 많은 백성들이 같이 남쪽으로 내려왔다고 전해져. 이들은 부아악(북한산)에 올라 한강 주변을 내려다보면서 도읍이 될 만한 곳을 찾았어. 온조는 한강 유역에 자리를 잡고 나라를 세웠는데, 이때 열 명의 신하와 함께했다고 해서 나라 이름을 '십제'라고 했단다. 형 비류는 바닷가인 미추홀에 자리를 잡았어. 오늘날의 인천이란다. 그러나 그곳은 바닷가 주변이라 물이 짜서 농사짓기에 적당하지 않았고, 땅이 습해서 사람들이 살기에도 좋지 않았어. 뒤늦게 후회한 비류는 다시 온조에게 돌아왔어. 온조는 미추홀의 백성들까지 받아들이면서 나라 이름을 '백제'라고 고쳤단다. 그것이 기원전 18년의 일이야. 그런데 십제·백제의 국호이야기는 나중에 백제가 성장한 뒤에 그 성립과정을 설화로 전하는 과정에서 만들어진 이야기라는 사람도 있어.

온조가 도읍지로 정한 위례성은 한강 유역에 자리 잡고 있어서 교통이 편리하고, 넓은 평야가 있어서 농사짓기에 좋은 조건을 갖추고 있었어. 백제는 처음에 마한의 작은 나라로 시작했지만 점차 주변 지역을 정복하면서 강한 나라로 성장해 나갔단다.
3세기 무렵에는 고이왕 이 백제를 다스렸어. 고이왕은 백제 신하들의 등급을 16개로 나누고, 각 등급에 따라 옷의 색을 다르게 해서 지위의 차이를 구분했어. 이로써 백제는 나라의 모습을 갖추었지.
백제는 삼국 중에서 가장 먼저 전성기를 맞이했어. 4세기 후반 백제 근초고왕 은 마한 전체를 통일하고 가야에까지 세력을 떨쳤어. 그리고 점차 북쪽으로도 진출해서 고구려의 평양성을 공격하고 고구려 고국원왕을 전사시키도 했지. 당시 백제의 사기는 하늘을 찔렀단다. 근초고왕은 중국의 산둥반도를 비롯해서 일본과도 활발한 교역을 했어. 오늘날 남아 있는 '칠지도'라는 칼은 당시 백제와 일본의 교류 관계를 보여 준단다. 칠지도는 일곱 개의 가지가 달린 칼로, 백제 왕이 일본 왕에게 하사했다고 하지.

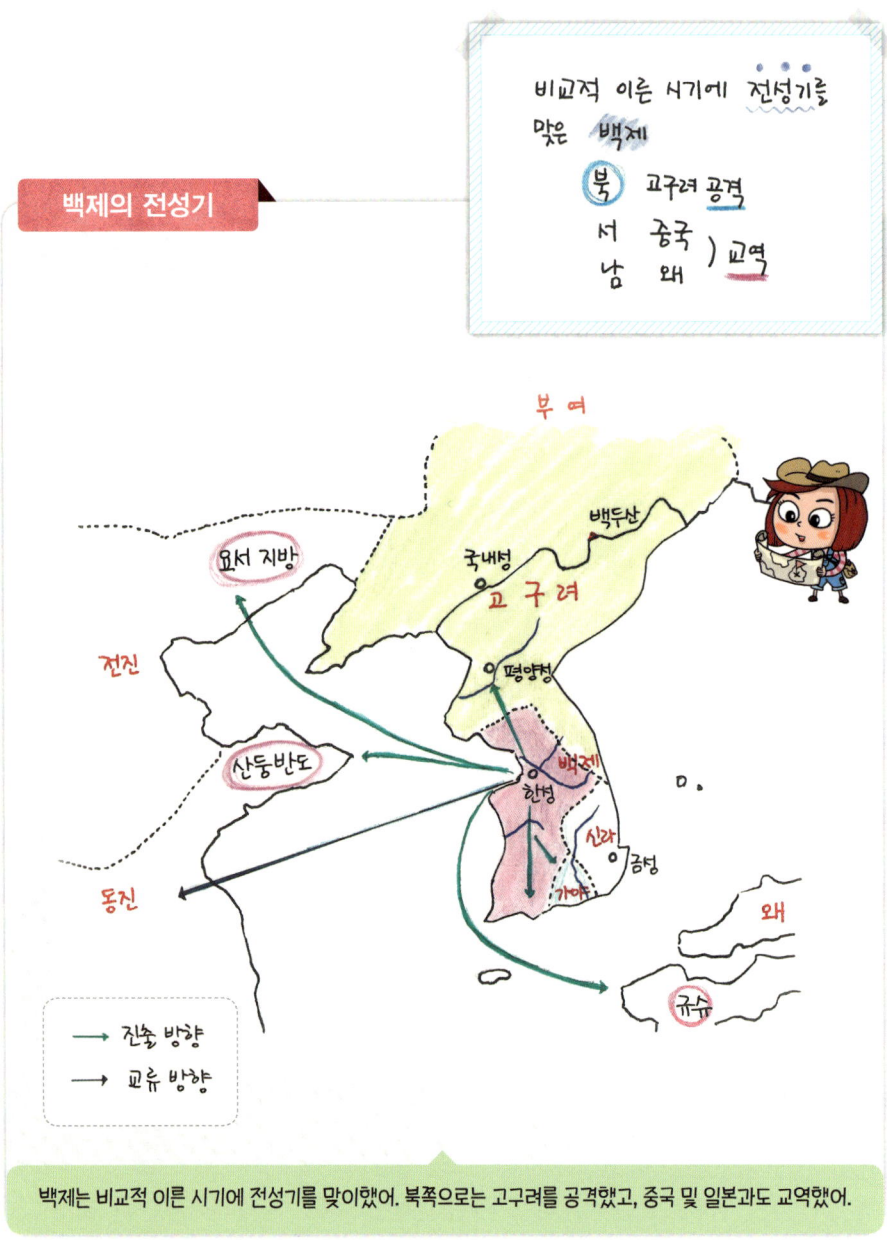

백제의 전성기

비교적 이른 시기에 전성기를 맞은 백제
- 북) 고구려 공격
- 서) 중국
- 남) 왜) 교역

백제는 비교적 이른 시기에 전성기를 맞이했어. 북쪽으로는 고구려를 공격했고, 중국 및 일본과도 교역했어.

하지만 백제에도 위기가 닥쳤어. 백제가 방심한 틈을 타서 475년 고구려 장수왕이 공격해 온 거야. 백제의 개로왕 은 아들인 문주를 시켜 신라에 구원병을 요청했어. 당시 백제는 신라와 나제 동맹을 맺고 있었거든. 그런데 문주가 구원병을 데리고 오기도 전에 개로왕은

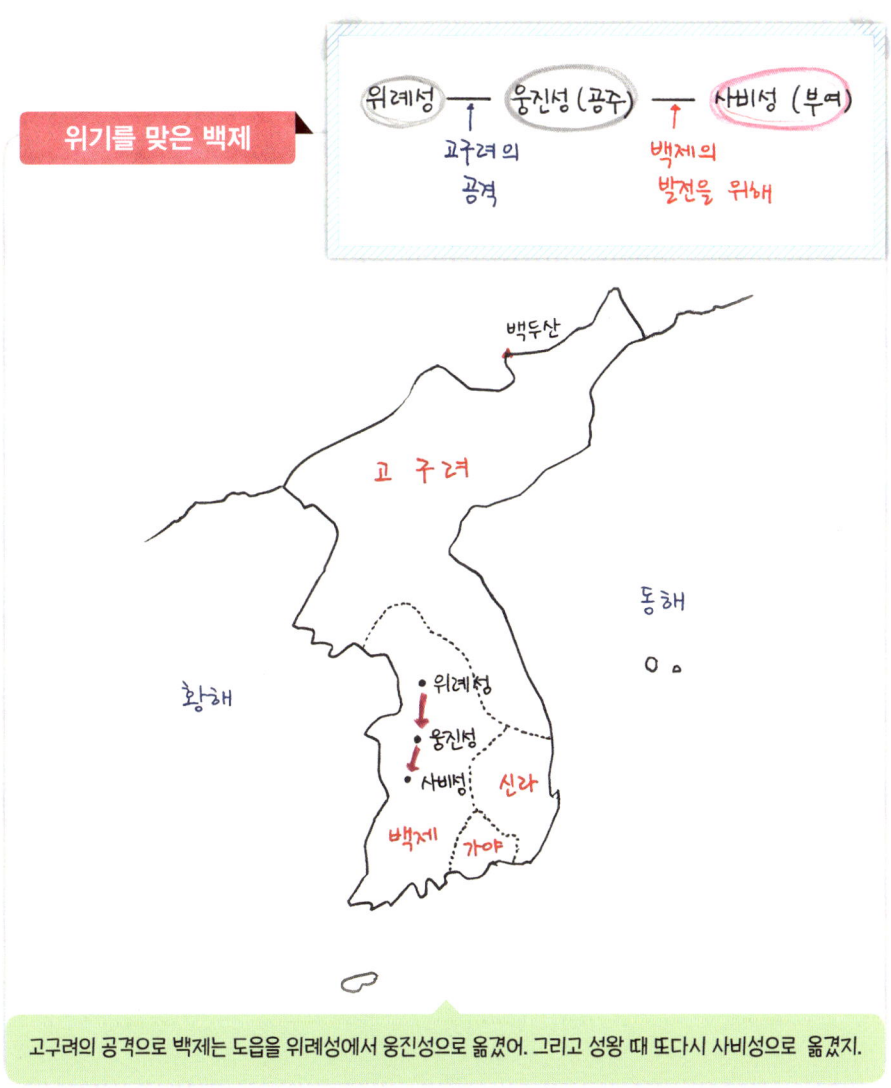

고구려의 공격으로 백제는 도읍을 위례성에서 웅진성으로 옮겼어. 그리고 성왕 때 또다시 사비성으로 옮겼지.

장수왕에게 잡혀서 아차산으로 끌려가 죽임을 당했어.

순식간에 도읍지를 잃은 문주는 부랴부랴 고구려를 피해 남쪽으로 내려갔어. 그러고는 금강이라는 큰 강이 있어서 고구려를 방어하기에 유리한 웅진(공주) 지역을 두 번째 도읍지로 정했어. 그러나 백제의 왕권은 이미 약해져 버렸어. 뒤에 백제 왕들은 나라를 다시 일으키려고 노력했지만 쉽지 않았어.

그러다가 백제가 재도약하는 계기를 마련한 왕이 무령왕 이야. 무령왕의 무덤과 그곳에서 발견된 화려한 유물 등을 통해 백제가 다시 중국뿐만 아니라 일본 등과 교류할 정도로 강해졌음을 알 수 있어.

무령왕의 아들인 성왕 은 백제의 도읍을 한 번 더 옮기게 돼. 백제가 성장하기 위해서는 더 넓은 곳이 필요하다고 생각했거든. 성왕은 새로운 도읍지로 사비(부여)를 선택하고 도시를 어떻게 세울지 잘 계획한 뒤에 도읍을 옮겼어. 도읍을 옮긴 성왕은 큰 꿈을 품게 되었어. 그래서 나라 이름도 백제에서 남부여로 고쳤단다. 전에 북쪽에 있었던 부여라는 나라 기억나지? 부여에서 나온 주몽이 고구려를 세우고, 주몽의 아들인 온조가 백제를 세운 거잖아. 그래서 백제는 옛날의 강한 부여를 생각하면서 남쪽의 부여라는 의미로 나라 이름을 남부여로 정한 거야. 그리고 신라의 진흥왕과 함께 고구려가 차지하고 있던 한강을 되찾았단다.

그런데 말이야, 백제는 안타깝게도 신라의 배신으로 한강을 다시 빼앗기고 말았어. 성왕은 한강을 다시 찾기 위해 신라를 공격했지만 관산성 전투에서 목숨을 잃고 말았단다. 관산성 전투 이후 백제와 신라의 동맹 관계는 완전히 깨지고 말았어. 백제는 북쪽의 고구려와 남쪽의 가야, 바다 건너 왜와 관계를 맺으면서 신라를 맹렬히 공격했단다. 백제 의자왕 은 신라를 공격해서 대야성을 비롯해 40여 개의 성을 빼앗았어. 나아가 신라가 당나라로 가는 길목인 당항성을 공격해서 신라를 고립시키려고 했어. 신라는 그렇게 계속 백제에 시달렸어.

신라의 김춘추는 백제의 대야성 공격으로 성주였던 사위와 딸을 잃고나서 당과 연합해 백제를 공격하기로 결심했어. 신라의 요청을 받은 당나라는 백제 의자왕에게 신라를 괴롭히지 말라고 경고했단다. 그러나 의자왕은 당나라의 경고를 무시하고 계속해서 신라를 공격했어. 더욱이 점점 사치와 향락에 빠져들기도 했지. 백제의 충신 성충과 흥수는 신라와 전쟁을 계속한다면 백제의 요충지인 탄현과 기벌포만은 반드시 지켜야 한다고 이야기했지만 이마저 귀담아듣지 않았어.
결국 성충과 흥수가 우려했던 대로 660년 백제는 신라 김유신과 당나라 소정방이 이끄는 나당 연합군의 공격을 받았단다. 갑작스러운 나당 연합군의 공격과 백제 지배층의 내분으로 의자왕은 백제의 요충지였던 탄현과 기벌포를 빼앗기고 말았어.
의자왕은 마지막 희망으로 계백을 황산벌로 보냈지. 하지만 백제의 군사 수가 턱없이 부족했어. 계백은 전쟁터에 나가기 전에 가족들을

황산벌 전투와 백제의 멸망

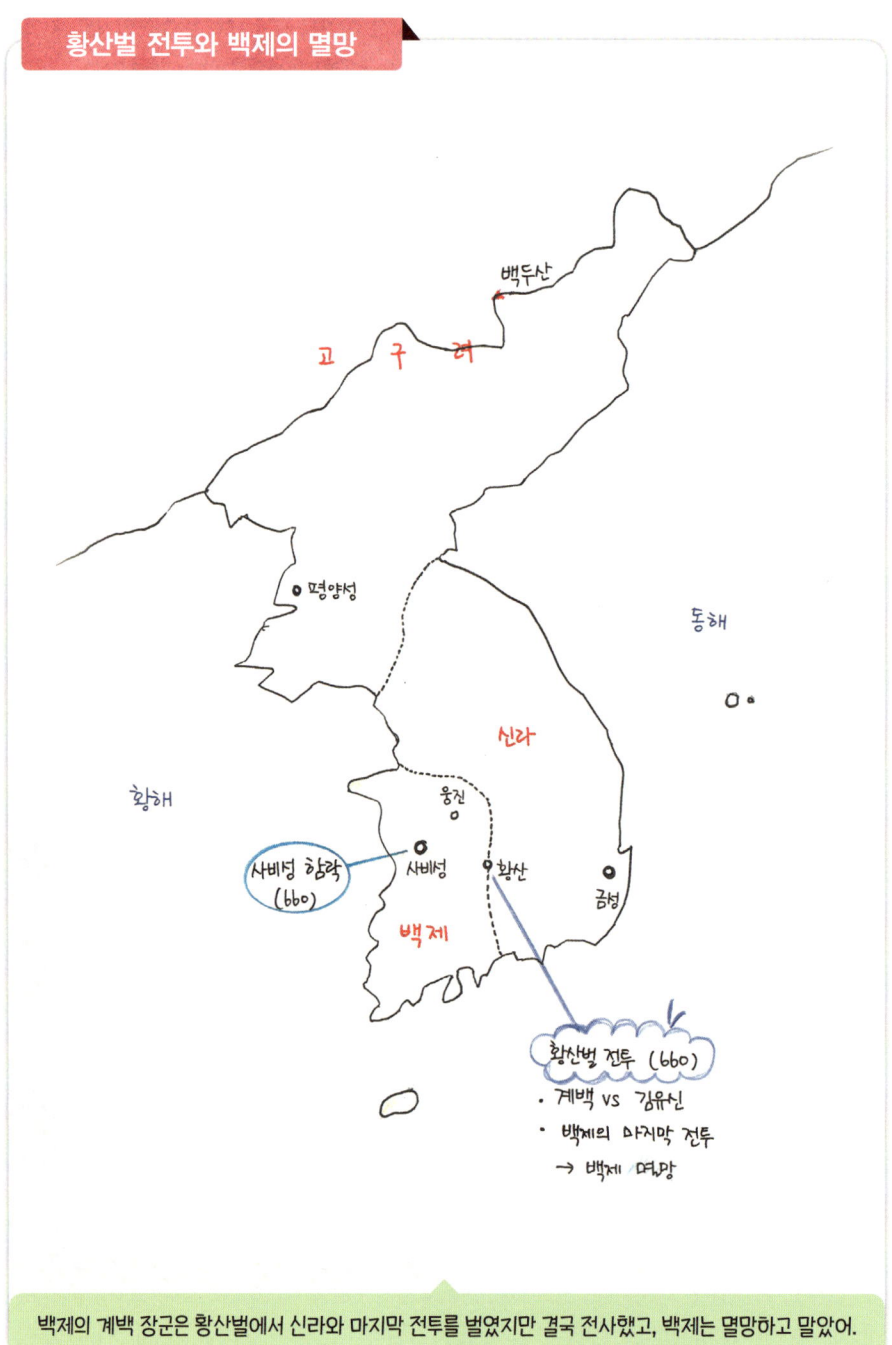

백제의 계백 장군은 황산벌에서 신라와 마지막 전투를 벌였지만 결국 전사했고, 백제는 멸망하고 말았어.

자기 손으로 죽였다는 이야기가 전해져 와. 아마도 전쟁에서 이기지 못할 것을 알고, 자신의 가족이 적에게 비참한 꼴을 당하는 것을 막기 위해서였을 거야. 계백 장군은 그렇게 죽기를 각오하고 싸움에 임했지.

5만의 군사를 이끌고 탄현을 넘어 황산벌에 도착한 신라의 김유신은 백제의 계백 장군이 이끄는 5천 명의 결사대와 만나게 되었어. 처음 4번의 전투에서는 백제군이 이겨 신라군의 사기가 땅에 떨어졌단다. 그때 김유신은 화랑 반굴과 관창을 출전시켜 신라군의 사기를 높였어. 결국 계백은 황산벌에서 전사하고, 백제 사비성은 나당 연합군에게 함락되고 말았어. 의자왕은 웅진성으로 피신했지만 결국 붙잡혀 당나라에 끌려가 그곳에서 죽음을 맞이했단다. 그렇게 660년, 백제는 멸망하고 말았어.

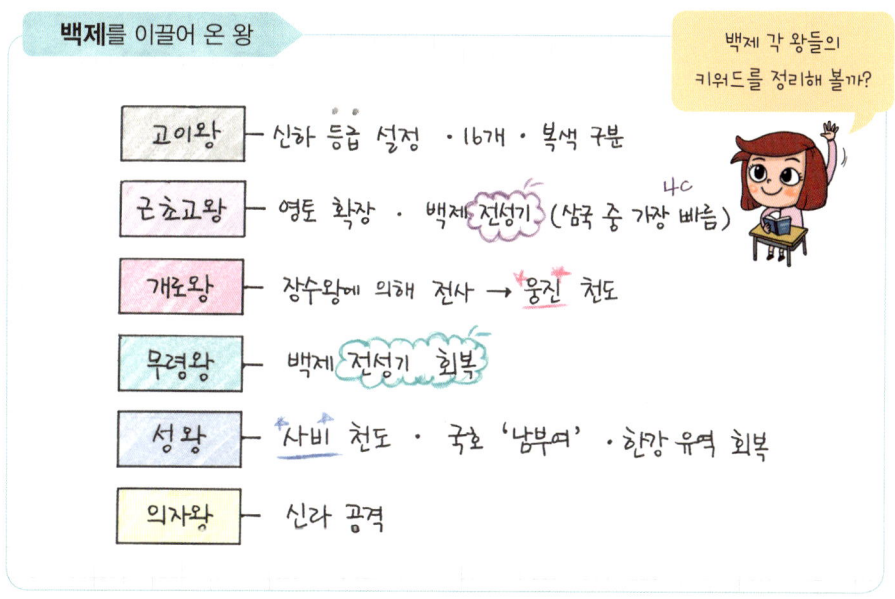

5장 _ 온조가 한강 유역에 세운 나라, 백제

백제의 세 도읍지

백제의 첫 도읍지는 한강 주변에 위치한 위례성 이야. 한강과 연결된 바다를 통해 중국 등 해외로 진출하기에 교통이 편리하고, 넓은 평야가 있어서 풍부한 곡식을 얻을 수 있었지. 그래서 삼국 중에서 백제가 비교적 일찍 전성기를 맞이한 거야. 위례성의 북성과 남성으로 추측되는 곳이 풍납토성과 몽촌토성이야. 위례성 주변에 위치한 석촌동 고분군에는 백제의 지배층이 고구려에서 내려왔음을 알려 주는 돌무지무덤이 있어. 돌무지무덤을 쌓는 방법이나 모양은 고구려의 초기 무덤들과 비슷하단다. 돌을 네모 모양으로 쌓아 계단식으로 두세 단을 올리고 맨 윗단에 무덤방을 만들어 시신을 모셨을 것으로 생각돼.

몽촌토성

풍납토성

서울 송파구에 있는 몽촌토성과 풍납토성은 옛 백제의 성곽 유적이야. 풍납토성이 한성 백제의 도읍지라고 여기는 사람들도 있어.

백제의 두 번째 도읍지는 공주에 위치한 웅진성 이야. 475년 고구려에 위례성을 빼앗기고 쫓겨 내려와 방어가 유리한 공산성 안에 도읍을 정했단다. 공산성 북쪽으로 흐르는 금강은 자연 해자의 역할을 할 수 있어. 그리고 백제 왕릉으로 추정되는 송산리 고분들 역시 고구려 고분 벽화가 발견된 무덤과 같이 돌방무덤으로 되어 있어. 이곳에서도 사신도가 그려진 벽화가 발견되었지. 그리고 우리를 깜짝 놀라게 했던 무령왕릉이 발견된 곳이기도 해. 무령왕릉에 대해서는 다시 이야기해 줄게.

백제의 세 번째 도읍지는 사비성 으로 부여에 위치해 있어. 538년 성왕은 백제의 중흥을 꿈꾸며 사비로 도읍을 옮겼어.

북쪽으로 흐르는 금강을 끼고 부소산에 산성을 쌓았어. 부소산성 아래에 왕궁을 짓고 곧게 뻗은 도로를 중심으로 시가지가 만들어졌단다. 우리나라에서 처음으로 만들어진 계획도시라고 할 수 있어. 사비성은 중국, 일본 등으로 진출하기에 유리하고, 넓은 평야가 발달해 있는 곳이야. 사비에도 백제 왕릉인 능산리 고분군이 있어.

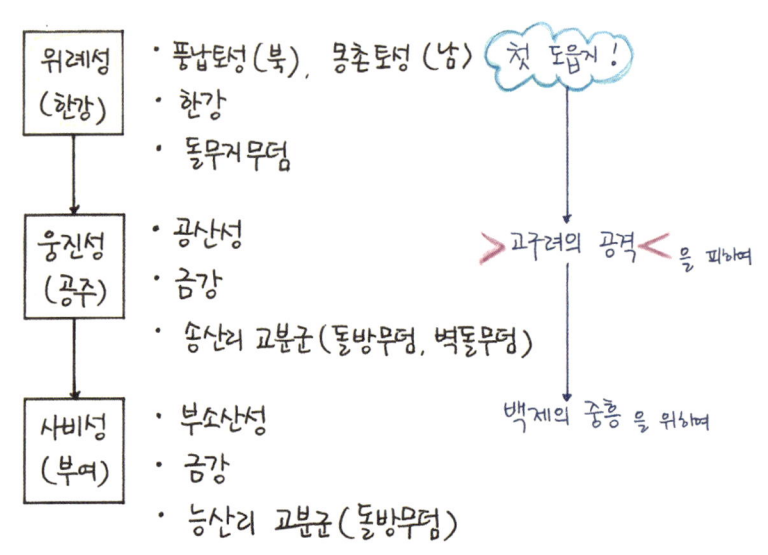

백제는 도읍을 두 번 바꾸었어. 고구려의 공격을 피해 웅진으로 내려왔다가 나라의 중흥을 꿈꾸며 다시 사비로 옮겼지.

백제 사람들의 의식주

백제 사람들은 어떤 옷을 입었을까? 백제 사람을 만날 수 있는 중요한 그림 자료가 있어. 바로 〈양직공도〉란다. 중국 양나라를 방문한 사신들의 모습을 그린 그림이지. 여기서 백제 사신의 모습을 찾을 수 있는데, 백제 사람들의 의생활도 엿볼 수 있지. 허리까지 오는 긴 저고리에 바지를 입은 모습이 단정해 보여. 저고리의 깃과 소매 끝동을 비롯해 옷의 가장자리에 다른 천을 댄 것이 고구려 옷과 비슷하지. 백제에서는 신분에 따라서 관모 장식이 달랐어. 무령왕릉에서 출토된 관모 장식을 보면 왕과 왕비의 것이 모두 금으로 만들어져 있는데 왕의 관식은 불꽃 모양으로 힘이 느껴지고, 왕비의 관식은 연꽃 모양으로 우아한 멋을 느낄 수 있단다. 귀족들의 관모 장식은 은으로 만들었는데 신분에 따라서 장식이 많고 적음에 차이가 있단다.

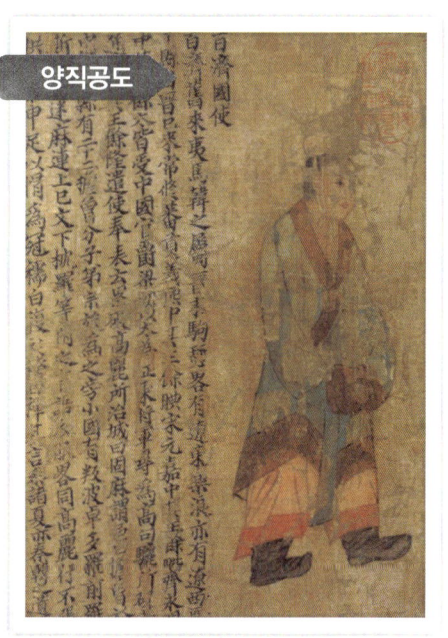

양직공도

중국 양나라를 방문한 여러 나라 사신들 중 백제 사신이야. 당시 백제 사람들의 옷차림을 살펴볼 수 있어.

백제 사람들의 음식 은 어땠을까? 땅이 비옥했던 백제에서는 일찍부터 농사가 발달해서 쌀을 비롯해 보리, 조, 콩, 팥 등을 농사지어 먹었어. 처음부터 쌀을 이용해서 밥을 해 먹은 것이 아니라 잡곡을 이용해서 죽을 쑤어 먹거나, 시루를 사용해서 떡을 해 먹기도 했어. 그러다가 점차 무쇠솥이 만들어지면서 밥을 먹게 되었어. 반찬으로는 주로 소금에 절인 야채와 강이나 바닷가에서 잡은 생선을 먹었단다.

백제 사람들의 집 도 살펴볼까? 백제의 왕을 비롯한 귀족들은 삼국 시대의 다른 나라들에서처럼 기와집에서 살았을 것으로 보여. 풍납토성에서 발견된 무거운 기둥을 받치던 초석과 수막새 등의 기와 조각을 통해 확인할 수 있지. 수막새는 지붕 처마의 끝을 장식하는 기와 중 하나란다. 연꽃무늬가 장식된 수막새는 고구려, 백제, 신라 등 삼국 모두에서 발견되고 있어.

다양한 무늬가 들어간 벽돌도 발견되는데, 이것은 건물 벽이나 바닥을 장식했을 거야. 오늘날의 보도블록처럼 말이야. 산수문전으로 불리는 벽돌은 마치 신선이 사는 듯한 세상을 표현하고 있어. 그 외에도 도깨비 무늬, 연꽃무늬 등 다양한 무늬의 벽돌들이 있지.

백제 수막새

연꽃무늬가 그려진 수막새는 삼국 모두에서 발견돼.

일반 백성들은 초가집에서 살았어. 백제 시대의 집자리를 살펴보면 땅바닥을 파고 지은 움집의 형태인데, 지푸라기나 갈대 등으로 지붕을 엮은 초가집이었을 것으로 짐작돼. 이 집에는 곡식 등을 저장하는 저장 구덩이도 있었지.

풍납토성에서는 백제의 집과 관련된 중요한 유물이 발견되기도 했어. 바로 토관이야. 토관은 일종의 배수로인데, 당시에도 배수로를 통해 생활하수를 깨끗하게 처리했음을 알 수 있어.

백제의 정신과 문화

백제 사람들은 손재주가 뛰어났다고 해. 신라는 황룡사 9층 목탑과 석가탑을 만들 때 백제 사람인 아비지와 아사달을 데려오기도 했대. 오늘날까지 남아 있는 백제 시대의 뛰어난 탑이 있어. 익산에 있는 미륵사지 석탑과 부여에 있는 정림사지 5층 석탑이야. 탑은 부처님의 사리를 보관하기 위해 세우는 건데, 탑이 곧 부처님이라는 상징인 셈이지. 불교가 들어온 삼국 시대 초기에는 나무로 만든 탑인 목탑을 세웠는데, 기와집을 여러 층 쌓아 올린 모습이지. 그러다가 백제에서 처음으로 돌로 석탑을 만들기 시작했는데, 그것이 바로 미륵사지 석탑이란다. 익산의 미륵사라는 절에 만들어진 탑이야.

절 가운데의 목탑을 기준으로 동쪽과 서쪽에 각각 석탑이 있었는데,

지금 남아 있는 것은 서쪽 탑이야.

미륵사지 석탑(복원된 서탑)

정림사지 5층 석탑

탑은 나무로 만들다가 백제에서 처음으로 돌로 석탑을 만들기 시작했어.

미륵사지 석탑 은 석탑인데도 마치 목탑처럼 섬세하게 만들어 졌어. 단단한 돌을 나무처럼 잘 다루었던 백제인의 솜씨를 확인할 수 있지. 정림사지 5층 석탑 은 세련된 모습이야. 이 탑을 보고 있으면 금방이라도 하늘로 솟아오를 것 같은 힘을 느낄 수 있단다.

백제 사람들의 온화한 미소를 볼 수 있는 서산마애삼존불 도 있어. 바위에 새겨진 세 부처님의 모습이어서 마애삼존불이라고 부르지. 서산마애삼존불은 햇빛이 비추는 방향에 따라서 부처님 얼굴이 다르게 보여서 마치 백제 사람들의 다양한 표정을 보는 듯한 느낌을 준단다.

서산마애삼존불

이제 백제의 유적 중에서도 아주 중요한 무령왕릉에 대해서 알아볼까? 무령왕릉 이 중요한 이유는 백제 왕의 무덤 중 유일하게 주인이 누구인지 알 수 있는 무덤 방이기 때문이야. 무령왕릉은 1971년 공주 송산리 고분 중에서 벽화가 그려진 6호분을 수리하다가 발견되었어. 그동안 누구도 무령왕릉을 무덤으로 생각하지 않아서 도굴되지 않은 채 발견되었단다. 무령왕릉이 발굴되면서 신비에 싸여 있었던 백제의 역사가 우리에게 제대로 알려지게 되었어.

무령왕릉은 중국 남조의 양식인 벽돌무덤으로 되어 있어. 무덤 주인이 무령왕인지는 어떻게 알았을까? 무덤 주인의 이름이 기록된 지석이 발견되어서 알 수 있게 되었단다. 입구에는 무덤을 지키는 돌짐승인 진묘수가 있었고, 무덤 방을 밝혔던 백자 등잔도 검게 그을린 채

등잔

백제 무령왕의 무덤으로 특이하게도 벽돌로 만들어졌어. 중국의 영향을 받은 것으로 보여.

왕과 왕비의 관

금송으로 만들어진 왕과 왕비의 관이 무령왕릉에서 나왔어.

로 나왔지. 무령왕릉에 사용된 벽돌무덤 양식과 진묘수는 중국의 무덤에서도 발견되는 것들이야. 또한 중국에서 수입된 백자 등잔 등이 나온 것으로 보아 백제와 중국의 교류가 활발했음을 확인할 수 있단다. 왕과 왕비의 시신을 모셨던 관은 금송으로 만들었어. 금송은 일본에서 자라는 나무로 당시 백제가 일본과도 교류했음을 알 수 있지.

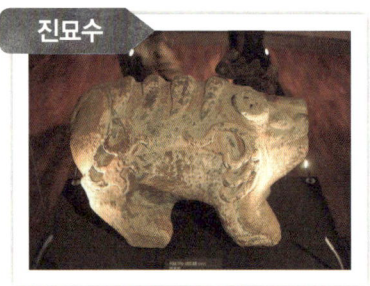

진묘수

무령왕릉에서는 다양한 유물이 발견되었어. 이로써 백제의 역사를 더 많이 알게 되었지.

무령왕릉 안에서 발견된 무덤을 지키는 돌짐승이야.

지석

이 무덤의 주인이 무령왕임을 적어 둔 지석이야.

백제 왕의 금제 관식

백제금동대향로 는 백제의 세련된 문화를 엿볼 수 있는 유물이야. 하지만 영원히 땅속에 묻힐 뻔했단다. 백제금동대향로는 부여 능산리 고분 옆 절터에서 발견되었어. 이곳에서는 '백제 창왕 13년'이라는 글씨가 새겨진 사리함도 발견되었어. 창왕은 백제 성왕의 아들이란다. 그래서 백제금동대향로는 관산성 전투에서 비참한 죽음을 맞이한 성왕의 명복을 빌기 위해 만든 것이 아닐까 여겨지고 있어.

백제금동대향로는 용의 입에서 피어나는 연꽃 모양으로 받침과 몸통을 만들었어. 뚜껑에는 신선이 살고 있을 것 같은 산봉우리가 여러 겹으로 표현되어 있지. 산봉우리 사이사이에는 사람과 사자, 원숭이, 코끼리를 비롯해서 상상의 동물들이 정교하게 조각되어 있지. 마치 신선과 동물들이 어울려 노는 무릉도원의 모습처럼 말이야. 산봉우리 위에는 서로 다른 악기를 연주하는 다섯 명의 악사가 새겨져 있어.

가장 높은 곳에는 새 한마리가 알을 밟고 위풍당당하게 서 있는 모습이 보여.

향로에 향을 피우면 산봉우리 사이에서 연기가 피어오르면서 그 속에 백제 악사들의 음악이 잔잔하게 울려 퍼지는 것 같은 느낌이 들지 않을까 싶어. 백제 사람들이 꿈꾸던 이상세계를 향로 안에 모두 표현한 것이지. 이 백제 금동대향로는 오늘날 우리에게 백제의 뛰어난 기술을 여실히 보여 주고 있어.

백제금동대향로

백제 성왕을 기리기 위해 만든 것으로 보이는 향로야. 백제의 뛰어난 기술과 정신 세계를 보여 주지.

우리는 어떤 분야에 정통하거나 뛰어난 사람을 박사 라고 부르잖아. 백제에서도 한 분야에 뛰어난 사람을 박사라고 했어. 백제에서는 일찍부터 박사라는 관직이 있었거든. 근초고왕 때 역사책 《서기》를 편찬했다고 하는 고흥 박사와 일본에 건너간 왕인 박사가 대표적인 사람이란다.

그럼 어떤 것에 정통한 사람들이 박사가 되었냐고? 유교 경전에 능통한 사람은 오경박사라 부르며 백제의 교육을 담당하게 했어.

의술이 뛰어난 사람은 의박사, 천문 등에 뛰어난 사람은 역박사야. 수막새를 비롯해 기와를 잘 만드는 사람은 와박사, 탑 장식을 잘 만드는 사람은 노반박사라고 불렀단다.

이런 백제의 뛰어난 인재들은 주변 나라들에 백제의 학문과 기술을 전파하는 역할을 했어. 왕인 박사는 유교 경전인 《논어》와 《천자문》을 일본에 전해 주었고, 일본 태자의 스승이 되었어.

사로국에서 출발한 작은 나라, 신라

6장

삼한 중에 하나였던 진한에 대해 앞서 설명했었지?

진한의 한 작은 나라였던 사로국에서 성장한 나라가 바로 신라야. 신라는 삼국 중에서 가장 늦게 발전했지만 결국은 삼국을 통일하게 되지.

신라의 건국과 발전

《삼국유사》에 기록되어 있는 신라의 건국 과정을 알아볼까? 어느 날, 경주 지역을 다스리던 6명의 촌장들이 모여 회의를 하고 있었어. 그때 남산 밑에 있는 나정이라는 우물가에서 오색 빛이 나서 가까이 가 보니 하얀 말 한 마리가 꿇어 앉아 있었어. 사람들이 다가오자 하얀 말은 하늘로 올라갔는데, 떠난 자리에 자주색 알이 빛나고 있었어. 알을 깨었더니 그 안에서 건강한 사내아이가 나왔단다. 사람들은 박처럼 생긴 알에서 태어나서 세상을 밝게 다스리는 사람이 될 것이라는 뜻으로 이 아이의 이름을 '박혁거세'라고 했어. 그리고 박혁거세가 열세 살이 되던 해에 왕으로 삼고 나라 이름을 '서라벌(사로국)'이라고 했단다. 그때가 기원전 57년이야.

사로국에서 출발한 작은 나라 신라는 처음에는 왕권이 약해서 박씨, 석씨, 김씨가 번갈아 가면서 왕위에 올랐단다. 나라의 영토도 경주 지역을 벗어나지 못했어. 그러나 内物왕 이 왕위에 오르면서 신라는 점점 나라의 모습을 갖추고, 김씨가 왕위를 계속 물려받게 되었어. 신라는 원래 지배자를 왕이라고 부르지는 않았어. 왕의 권한이 얼마나 되느냐에 따라 그 이름이 바뀌었지. 왕은 귀한 사람을 뜻하는 '거서간'이라고 불렸다가 무당을 뜻하는 '차차웅', 나이가 많은 사람을 뜻하는 '이사금'으로 불리기도 했어. 내물왕 대부터 최고의 우두머리를 뜻하는 '마립간'을 사용하다가 5세기 지증왕 대에 이르러서 마침내 '왕'이라는 호칭을 사용하게 되었어.

지증왕 시대부터 신라는 크게 발전했어. 지증왕은 왕의 호칭뿐만 아니라 나라 이름도 마침내 '신라'로 정했어. 그 전까지 신라는 사로국, 계림, 신라 등 다양한 이름으로 불렸단다. 지증왕은 왕이 죽으면 다른 사람들을 같이 무덤에 묻는 순장을 금지하고, 농사에 소를 이용해서 농업이 발전하는 데 기여했단다. 지증왕의 또 다른 중요한 업적이 있어. 바로 울릉도와 독도를 우리 땅으로 삼은 거야. 이 노래 알지? '울릉도 동남쪽 뱃길 따라 이백리… 지증왕 13년 섬나라 우산국…' 우산국은 울릉도에 있던 나라였는데, 지증왕은 장군 이사부를 보내 우산국을 정복했어. 신라 지증왕 시기부터 울릉도를 비롯한 독도 지역을 우리가 다스린 것이지.

지증왕에 이어 등장한 왕은 **법흥왕** 이야. 법흥왕 때에는 율령을 반포했어. 이로써 나라를 보다 체계적으로 다스리게 되었어. 또 신하들을 17등급으로 나누어 등급에 따라서 관복의 색깔을 다르게 입게 했지. 법흥왕 하면 가장 먼저 떠오르는 것은 불교야. 법흥왕은 '부처가 곧 왕이다'라는 생각으로 불교를 나라의 종교로 만들어서 왕권을 강화하려고 했어. 그러나 당시 귀족들이 이를 반대했단다. 왕의 힘이 강해지면 자신들이 갖고 있던 권력을 잃을까 봐 걱정했거든. 이때 이차돈이라는 사람이 나타나 왕을 도와 성스러운 죽음을 맞이하면서 비로소 불교가 신라의 국교로 인정받게 되었어. 법흥왕은 정복 전쟁도 활발하게 해서 532년 금관가야를 복속시켜 영토를 확장했단다.

백제와 신라 사이, 변한 지역에 위치했던 가야는 42년 김수로왕이 세운 금관가야를 중심으로 여섯 나라가 연맹을 이루고 있었어. 가야에서는 철이 많이 생산되어 이것을 바탕으로 일찍부터 다른 나라와 해상 무역을 벌였단다. 특히 금관가야는 낙동강과 바닷가에 가까워 편리한 교통을 이용해서 빨리 성장할 수 있었어. 하지만 고구려, 백제, 신라처럼 하나의 통일 왕국을 만들지 못하고 여러 개의 나라가 연합한 연맹 왕국 단계에 머물러서 결국은 신라에 지배당하고 말았단다.

신라의 전성기를 이끈 왕은 6세기에 등장한 진흥왕 이야. 진흥왕은 금관가야 멸망 이후 가야 연맹을 이끌었던 대가야를 정복해서 낙동강 유역을 확보했어. 그리고 백제 성왕과 손잡고 고구려가 차지하고 있던 한강 유역을 공격해서 한강의 상류를 확보하게 되었어. 한강이 중요한 교통로라는 것을 알게 된 진흥왕은 백제가 차지했던 한강 하류 지역마저 빼앗아 한강의 주인이 되었지. 신라가 한강을 차지한 것은 큰 의미가 있어.

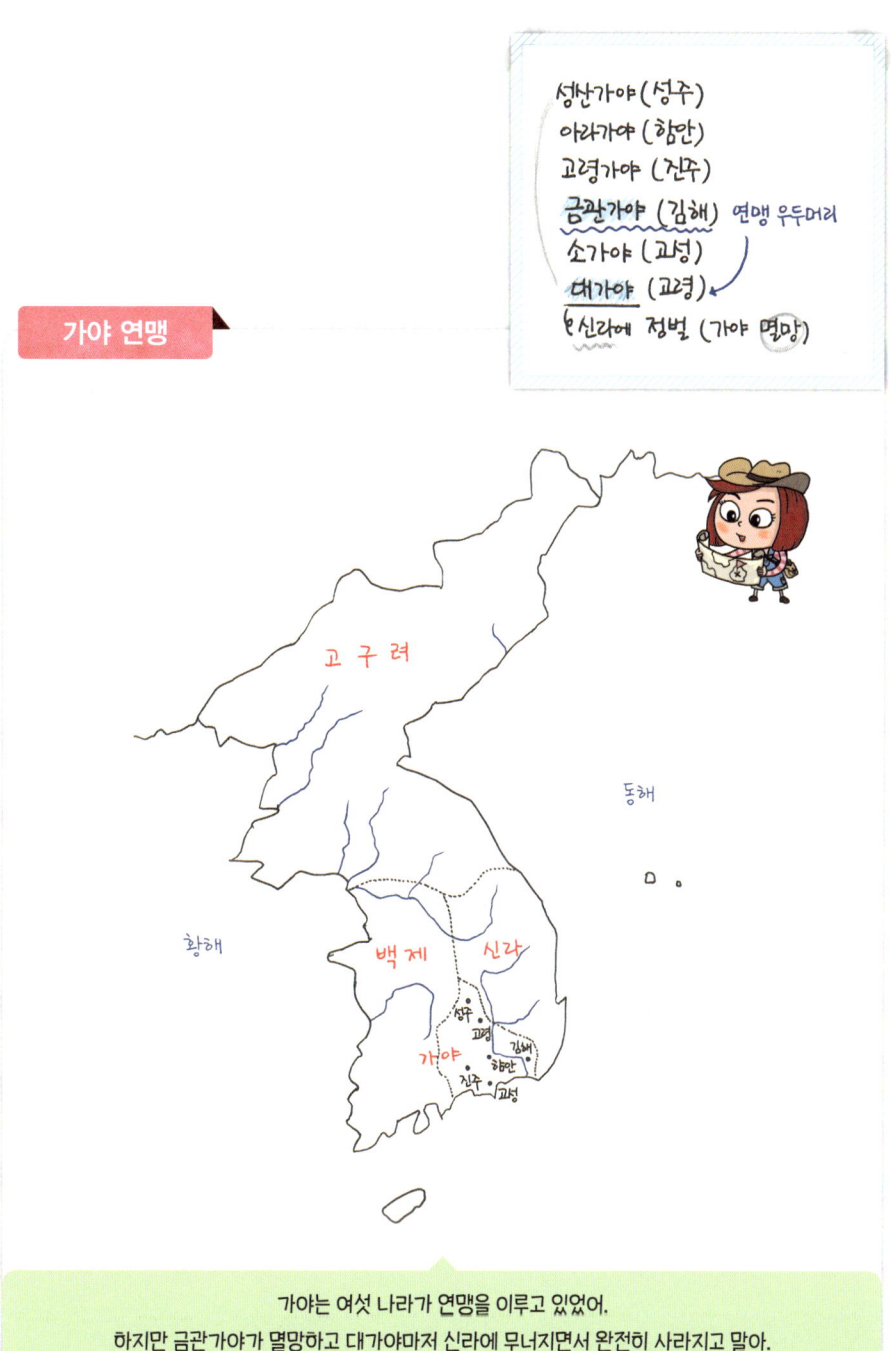

가야는 여섯 나라가 연맹을 이루고 있었어.
하지만 금관가야가 멸망하고 대가야마저 신라에 무너지면서 완전히 사라지고 말아.

신라의 전성기

1. 가야 정복
→ 2. 한강 유역 차지

신라의 전성기는 진흥왕 때!

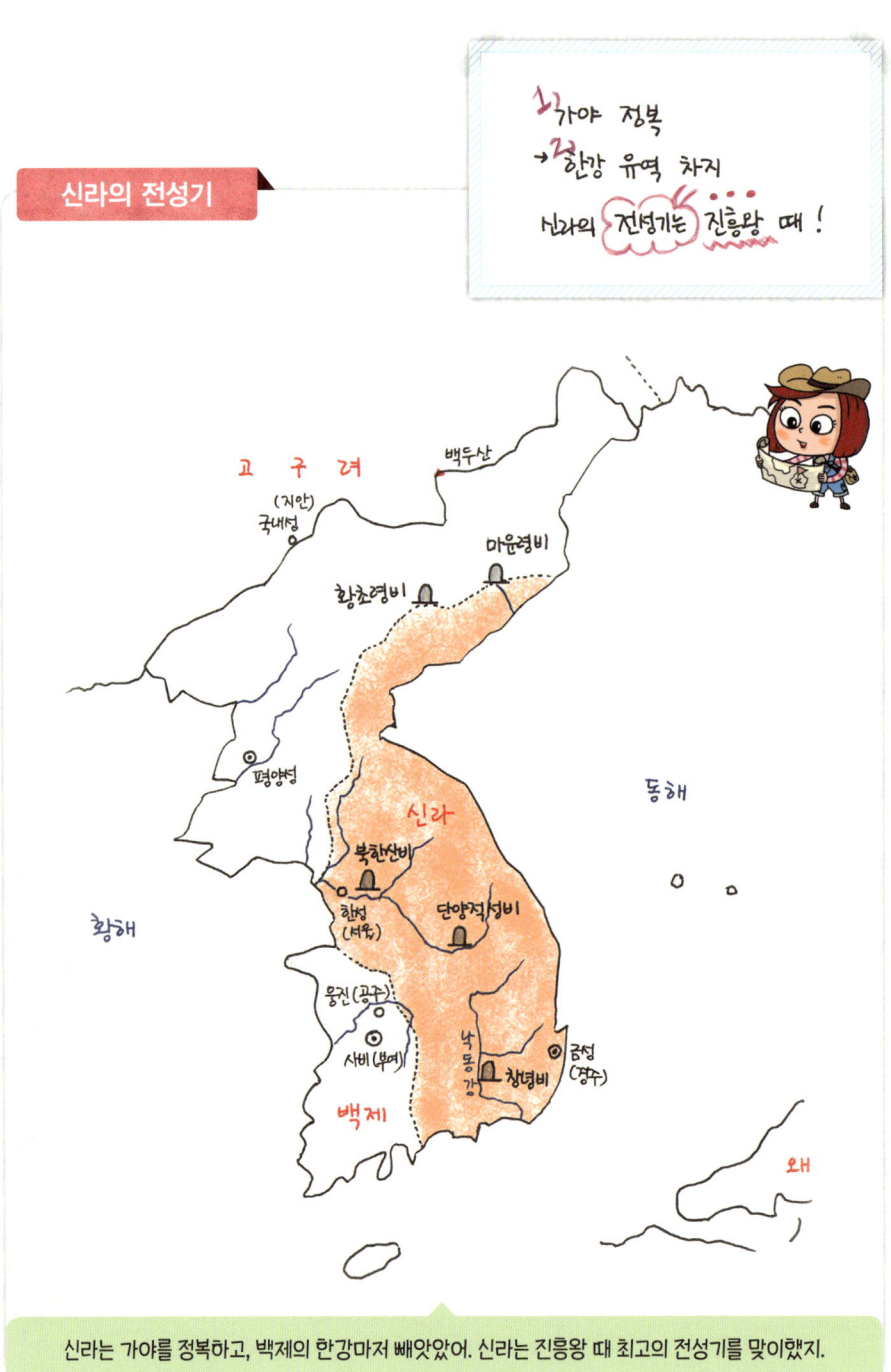

신라는 가야를 정복하고, 백제의 한강마저 빼앗았어. 신라는 진흥왕 때 최고의 전성기를 맞이했지.

고구려와 백제의 연결을 차단할 뿐만 아니라 중국과 직접 교역하면서 국제적 지위를 높일 수 있었거든. 진흥왕은 신라 역사상 가장 넓은 영토를 차지했어. 진흥왕은 영토를 확보하고 각 지역을 방문하며 이를 기념하기 위해 순수비를 만들었어. 우리나라 국보 제3호인 북한산 순수비도 그중 하나란다. 이렇게 진흥왕이 한반도의 주도권을 잡으면서 신라는 삼국 통일의 기틀을 마련할 수 있게 되었어.

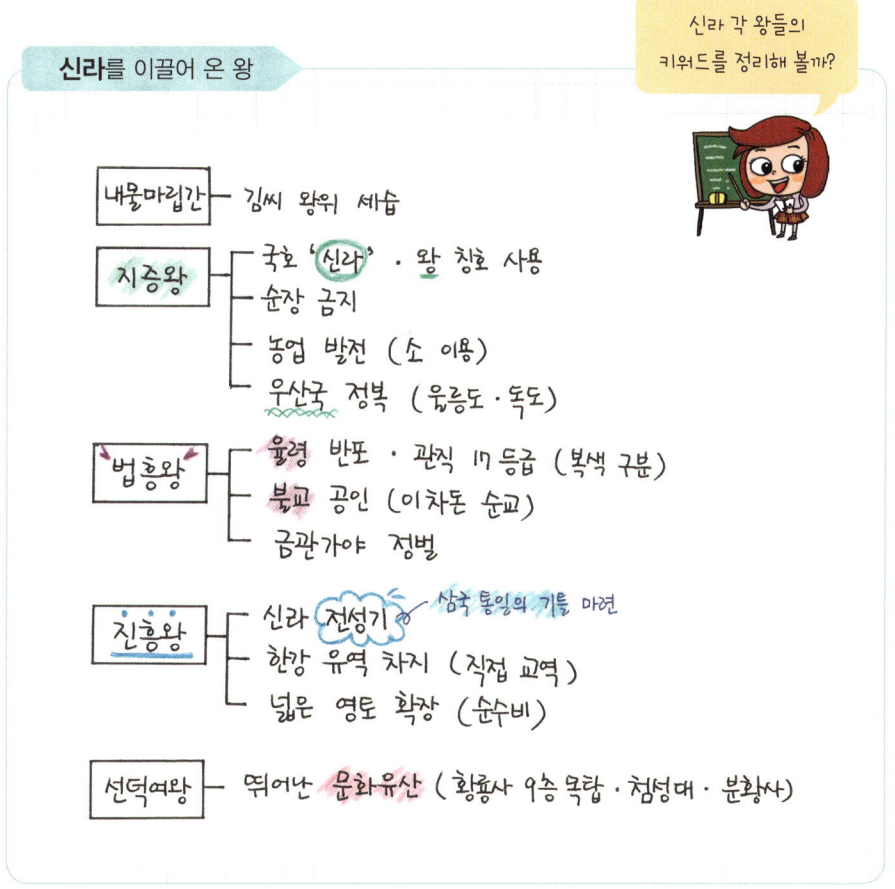

진흥왕 이후에 우리나라의 첫 여왕이 등장했어. 바로 선덕여왕 이야. 선덕여왕이 왕위에 올랐을 때 나라에는 여러 가지 어려움이 있었어. 백제 의자왕이 낙동강 유역의 중요한 요충지인 대야성을 공격하는 등 계속해서 신라를 침략하고 있었거든. 당나라는 여자가 왕이 되었다며 신라를 비웃기도 했지. 나라 안에서는 귀족인 비담이 반란을 일으키기도 했어. 그렇지만 선덕여왕은 김춘추와 김유신의 도움으로 어려움과 위기를 극복하고 첨성대, 분황사 등의 뛰어난 문화유산까지 남겼단다. 신라를 대표하는 황룡사 9층 목탑도 선덕여왕 때 만들어졌지. 안타깝게도 고려 때 몽골의 침략으로 불에 타 지금은 만날 수 없지만 말이야.

황룡사 9층 목탑(모형)

신라의 제도와 사회

신라에는 골품 제도 라는 독특한 신분 제도가 있었어. 성골과 진골로 이루어진 '골'과 여섯 등급으로 나누어진 '두품'이 합쳐진 말이야. 성골과 진골은 왕족이었는데 이들 성공과 진골만이 왕이 되거나 최고 높은 벼슬을 할 수 있었어. 신라에서 여자였던 선덕여왕이 왕이 될 수 있었던 것도 골품 제도 때문이야. 진평왕 이후에 더 이상 성골 남자를 찾을 수 없었기 때문에 성골 여자가 왕이 될 수 있었지. 하지만 성골이 없어지면서 점차 진골 귀족들도 왕위에 오르게 되었단다.

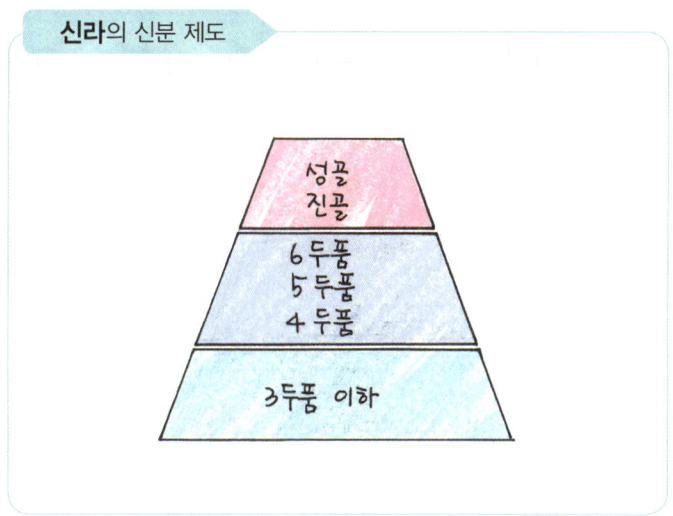

신라의 신분 제도

신라에서 귀족에게 주어진 혜택은 아주 많았어. 국가의 중요한 일을 만장일치로 결정하는 화백 회의 에는 진골 이상의 귀족만이 참여할 수 있었어. 화백 회의를 이끌어 가는 진골 귀족의 대표자가 상대등이야. 또한 골품 제도에 따라서 남녀가 만나서 결혼했고, 집의 크기와 옷차림까지 제한되었어.

두품은 여섯 등급으로 나누어지는데, 6두품이 가장 높고 숫자가 작을수록 신분이 낮아졌어. 벼슬은 골품에 따라 올라갈 수 있는 한계가 정해져 있어서 아무리 뛰어난 능력을 가진 사람이라도 신분이 낮으면 높은 벼슬을 할 수가 없었지. 결국 능력이 뛰어나지만 골품 제도 때문에 뜻을 펼치지 못한 사람들은 세상을 버리고 깊은 산속에 들어가거나, 신라를 떠나 당나라로 귀화하기도 했지. 통일신라 말기에 특히 6두품 세력들은 지방 세력과 손잡고 정부에 맞서기도 했어.

신라의 청소년 수련 단체, 화랑도

삼국 중 가장 늦게 발전한 나라인 신라가 삼국을 통일하는 데에는 화랑도의 역할이 컸어. 화랑도는 신라에서 교육과 군사의 기능을 담당한 단체였지. 진골 귀족 출신의 화랑 1명이 수많은 낭도를 거느렸던 시켰던 청소년 집단이란다.

화랑도는 신라의 엄격한 신분 제도인 골품 제도를 초월해서 진골 귀족부터 일반 평민까지 그 구성이 다양했어. 이들은 좋은 자연을 찾아다니며 정신 수양을 하고, 무술을 비롯해서 춤과 노래 등도 배웠지. 이들은 서로 간의 우정과 의리를 목숨보다 중요하게 생각했단다.

화랑도는 진흥왕 시기에 완성되었는데, 신라 사람들의 전통 정신과 불교의 정신이 합해져서 화랑도 정신이 만들어졌어. '나라에 충성하고, 부모에게 효를 다하고, 친구 사이에는 믿음이 있고, 싸움터에 나가서는 물러서지 않으며, 함부로 죽이지 않는다.'가 화랑이 지켜야 할 계율이지. 신라의 '임신서기석'이라는 비석을 보면 이 계율과 같이 두 화랑이 열심히 학문을 배우고 나라에 충성할 것을 약속하는 내용을 담은 글을 만날 수 있어.

임신서기석

두 화랑의 약속을 담은 비석이야. 화랑의 계율과 정신을 느낄 수 있어.

신라 하면 생각나는 인물 중에는 화랑 출신이 많아. 친구와의 믿음을 강조했던 사다함과 삼국 통일의 주역이었던 김유신, 김춘추, 관창 등도 모두 화랑이었단다.

그중에서 김유신 장군 에 대해 자세히 알아보자. 김유신은 금관가야 출신의 진골 귀족이란다. 김유신의 증조할아버지가 금관가야의 마지막 왕인 구해왕이야. 김유신 집안은 진골 귀족이지만 가야 출신이라는 신분 때문에 차별을 받았단다. 하지만 김유신의 할아버지 김무력은 진흥왕 때 신라가 영토를 확장하는 데 큰 공을 세웠어. 고구려로부터 한강 유역을 빼앗을 때와 관산성 전투에서 성왕을 죽이는 데 활약했거든.

열다섯 살에 화랑이 된 김유신은 자신이 이끄는 화랑도를 미륵을 따르는 무리라는 뜻으로 '용화향도'라고 불렀어. 그러고는 고구려의 낭비성을 공격할 때 아버지 김서현과 함께 큰 공을 세우면서 김유신이라는 이름을 신라에 널리 알렸지.

선덕여왕 때 일어난 비담의 반란을 지혜를 발휘해서 진압한 것도 김유신이었어. 당시 왕이 머물던 곳으로 별이 떨어지자 군사들 역시 여왕의 운이 다한 것이라고 생각해 사기가 떨어져 있었어. 그때 김유신이 연에 불을 붙여 하늘로 띄워 올려서 별이 다시 하늘로 돌아간 것처럼 꾸몄단다. 그러자 군사들의 사기가 다시 올라가 반란군을 진압할 수 있었던 거야.

나아가 김유신은 삼국 통일에 큰 공을 세웠어. 황산벌에서 계백을 물리치고 백제를 멸망시켰고, 조카인 문무왕이 고구려를 정벌할 때도 큰 도움을 주었단다. 그리하여 김유신은 죽어서까지 흥무 대왕이라는 왕의 칭호를 받았단다.

신라의 정신과 문화

신라의 도읍 경주는 오늘날까지 옛 신라의 역사를 생생하게 느낄 수 있는 곳이야. 도시 전체가 세계 문화유산으로 등재되어 있어. 경주를 돌아다니다 보면 유적지 사이로 산처럼 솟아 있는 무덤들을 볼 수 있어. 신라를 대표하는 돌무지덧널무덤이란다.

고구려와 백제의 무덤이 어떤 형태였는지 기억나지? 돌로 만든 방에 벽화를 그렸던 돌방무덤이었지. 돌방무덤은 문이 있어서 훼손당한 경우가 많아. 실제로 백제 무령왕릉을 제외하고는 대부분의 돌방무덤이 훼손되었어. 반면 신라 무덤은 나무로 덧널을 만들고 그 안에

천마총

하얀 말이 하늘로 올라가는 그림인 〈천마도〉가 발견된 무덤이라서 천마총이라고 불러.

경주 곳곳에는 신라 왕의 무덤들이 산처럼 솟아 있어. 지증왕의 무덤으로 추정되는 천마총이야.

시신과 장신구 등의 껴묻거리(시체와 함께 묻는 물건)를 넣은 후에 돌을 쌓아 올리고 마지막에 흙까지 쌓아 덮어 두었어. 이 덕분에 유물이 도굴되지 않고 그대로 보존되어 있었어.

천 년 이상 잠자고 있던 무덤 속에서는 금관을 비롯해서 금으로 된 장신구들이 어마어마하게 쏟아져 나왔어. 신라는 '황금의 나라'라고 불렸지. 황금 유물 중에 가장 대표적인 것이 금관 이야. 신라 금관은 6개가 발굴되었는데 모두 다른 디자인으로 되어 있단다. 물론 '날출(出)' 자 모양과 사슴뿔 모양의 장식이 세워져 있고, 옥과 금으로 만든 장식이 달려 있는 것은 공통적인 모습이야. 그러나 얇은 금판으로 만들어진 금관은 머리에 쓰기에는 불편했을 것으로 보여. 금관이 발견되는 모습을 보면 왕의 얼굴을 덮고 있는 모습이라서 돌아가신 후에 장례를 위해서 만들었을 것으로 생각된단다. 옛날 사람들은 나무를 상징하는 出자 모양과 사슴은 인간과 신을 연결해 주는 것이라고 생각했어. 그래서 왕관을 이런 모양으로 만들어서 돌아가신 왕이 좋은 곳으로 가시기를 바라는 마음을 담았지.

금관과 같이 발견된 유물은 금으로 만든 허리띠와 열 손가락에 모두 끼운 금반지, 금 귀걸이 등이 있어.

> 돌아가신 왕을 위해 금으로 만든 관이야.

금관

금관이 발견된 무덤이 만들어진 시기는 신라 왕들이 마립간이라는 칭호를 사용하며 왕권이 강화되어 가던 시기야. 같은 시기 유물로 경주를 제외한 주변 지역의 무덤에서는 금동관이 발견된단다. 왕은 금관을 가지고, 지방 세력에게는 금동관을 하사함으로써 왕의 권한을 과시했던 것으로 보여.

옛날 무덤은 무덤의 주인이 누군지에 따라 다르게 불렸어. 무덤의 주인이 왕과 왕비인 경우에는 '릉'을 붙이고, 세자와 세자빈이면 '원', 대군이나 일반 백성이면 '묘'라고 했어. 무덤 주인을 알지 못하는 옛날 무덤은 '고분'이라고 했지. 고분 안에서 중요한 유물이 나온 경우 유물의 이름을 따고, 무덤 '총' 자를 붙여서 불렀어. 금관이 발견된

천마도

신라 무덤에는 벽화를 그릴 수 없어. 신라 무덤에서 유일하게 만날 수 있는 그림이야.

'금관총', 광개토 대왕의 이름이 새겨진 청동 그릇이 발견된 '호우총', 하늘을 나는 말의 그림이 나온 '천마총'이 그렇게 이름 지어진 거야. 천마총 은 오늘날 유일하게 내부를 관람할 수 있는 무덤이란다. 하늘을 나는 말의 그림인 〈천마도〉가 그려진 말다래를 만날 수 있지. 무덤 벽화가 많은 고구려나 백제와 달리 신라의 돌무지무덤은 무덤 구조상 벽화를 그릴 수가 없었어. 그래서 천마총에서 발견된 〈천마도〉는 신라 시대 그림으로 그 가치가 매우 크단다. 말다래는 말에 탄 사람의 다리에 흙이 튀지 않도록 안장 밑에 늘어뜨린 판을 말해.

천마총에서는 그릇에 담겨 있던 달걀 모양이 그대로 발견되기도 했어. 돌아가신 분이 부활하기를 바라는 마음을 엿볼 수 있지.

무덤 속에 고이 간직된 유물 중 하나가 유리그릇 이야. 특히 손잡이가 달린 유리병은 봉황의 모습을 닮았다 해서 봉수형 유리병이라고 부른단다. 유리병의 손잡이를 금실을 이용해서 수리한 모습을 발견할 수 있어. 당시에는 금보다 유리가 더 귀하지 않았을까?

신라의 무덤에서는 다양한 모양의 토기 도 발견되었어. 그중 하나가 국보 제91호인 주전자 모양을 한 말 탄 사람 토기(기마인물형토기)야. 두 사람을 표현한 한 쌍의 토기인데, 갑옷을 입고 화려하게 장식된 말을 탄 주인과 방울을 들고 상투를 튼 하인의 모습이란다. 마치 하인이 방울을 흔들며 돌아가신 주인을 좋은 곳으로 모셔 가기 위해 길을 안내하는 듯이 하인상이 주인상 앞에 놓인 채로 발견되었단다.

또 다른 유물로는 흙으로 만든 인형이라는 뜻의 토우 가 있어.

목이 긴 항아리에 붙여진 토우는 악기를 연주하는 사람, 사냥하는 사람 등 다양한 신라 사람들의 모습이나 개구리, 뱀 등 여러 가지 동물의 모습을 하고 있어. 토우를 통해 신라 사람들이 어떻게 살았는지 알아볼 수 있지. 허물을 벗는 뱀처럼 죽은 사람이 다시 부활하기를 바라는 마음, 개구리처럼 자식을 많이 낳기를 바라는 마음, 풍요를 바라는 마음 등도 엿볼 수 있단다.

토우장식항아리

토우는 흙으로 만든 인형이야. 사람과 동물 등 익살스러운 모습의 토우가 항아리에 장식되어 있어.

마지막으로 신라 시대의 과학 기술을 살펴볼까? 신라의 뛰어난 과학 수준을 상징하는 유물 중 하나가 첨성대 야. 첨성대는 선덕여왕 때 만들어졌어. 첨성대가 무엇을 하던 곳인가에 대해서는 여러 가지 의견이 있지만 대체로 첨성대는 하늘의 별을 관측하던 천문대였을 것으로 여겨진단다.

옛날 사람들은 하늘의 변화를 관찰하는 것을 매우 중요하게 생각했어. 가뭄이 들거나 홍수가 나고, 하늘에서 해와 달이 없어지는 일식과 월식, 혜성이 나타나는 것은 왕이나 사람들의 잘못에 대해 하늘이 내리는 경고라고 생각했거든. 그래서 옛날부터 하늘의 움직임을 관찰하고 분석하는 천문학이 발달하게 되었어. 그리고 하늘의 움직임을 관찰해서 1년의 절기를 확인하는 일은 농사짓는 것과도 직접적인 관련이 있어 백성을 다스리는 데 매우 중요한 일이었지.

첨성대

신라의 과학 기술을 보여 주는 건축물이야.

하늘의 별을 관측하던 천문대였을 것으로 짐작돼. 신라 선덕여왕 때 세워졌지.

삼국을 통일한 최초의 통일 왕조, 통일신라

7장

진한의 작은 소국에서 성장한 신라는 삼국 중에서 가장 늦게 발전했어. 그렇지만 천천히 한 걸음 한 걸음 성장한 신라는 결국 삼국을 통일해서 최초의 통일 왕조가 되었지.

어떤 과정을 거쳐 통일을 이루었는지 들여다볼까?

통일신라의 성립과 발전, 대외 관계

삼국 통일의 발판을 마련한 왕이 누구라고 했지? 진흥왕이야. 그리고 삼국 통일의 첫발을 내디딘 왕은 바로 김춘추 란다. 김춘추는 진덕여왕의 뒤를 이어 진골 귀족으로는 처음으로 왕위에 오른 사람이야. 그의 시호는 태종무열왕이라고 해.

김춘추의 탁월한 외교 능력은 왕이 되기 전부터 발휘되었지. 백제 의자왕이 대야성을 공격하고, 한강의 방어 기지인 당항성 등을 공격하자 김춘추는 고구려에 도움을 요청해서 백제를 물리치려고 했어. 그러나 당시 고구려의 대막리지였던 연개소문이 신라의 요청을 거절하자 김춘추는 당으로 건너가 도움을 청했어. 안시성 전투에서 패배하면서 고구려 정벌에 실패했던 당나라는 신라의 요청이 반가웠지. 그리고 고구려를 비롯해서 한반도 전체를 지배하려는 숨은 의도를 가지고 신라와 동맹을 맺었어.

그런 김춘추가 왕위에 오르면서 삼국 통일의 속도는 더욱 빨라졌단다. 신라와 당나라의 연합군인 나당 연합군은 먼저 백제를 공격했어. 당나라의 소정방은 금강 하구인 기벌포에서 백제를 공격하고, 신라의 김유신 장군은 탄현을 넘어서 공격했어. 백제의 계백 장군이 황산벌에서 김유신과 맞서 싸웠지만 이기기엔 역부족이었어. 결국 백제는 660년에 나당 연합군에 의해 멸망하고 말았단다.

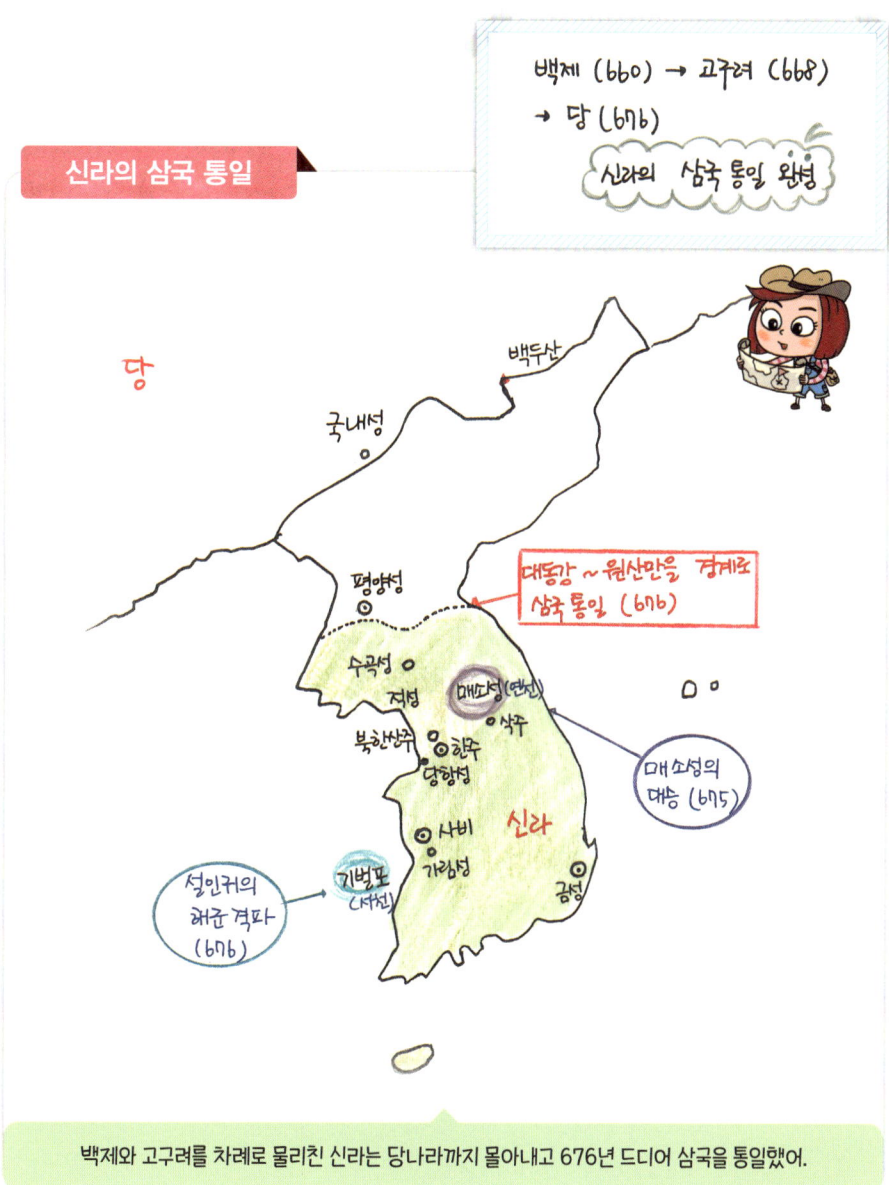

백제와 고구려를 차례로 물리친 신라는 당나라까지 몰아내고 676년 드디어 삼국을 통일했어.

고구려까지 함락시킨 것은 김춘추(태종무열왕)의 아들인 문무왕 대에 이르러서야. 고구려에서는 연개소문이 죽고, 그의 아들들 사이에

7장 _ 삼국을 통일한 최초의 통일 왕조, 통일신라

서 권력 다툼이 일어났어. 그 틈을 타서 당나라와 신라군이 연합해 고구려 평양성을 함락했단다. 그때가 668년이야. 드디어 신라가 삼국 통일을 이룬 것이었어.

그러나 기뻐하기엔 일렀어. 당나라가 신라와 연합할 때 한반도 전체를 지배하려는 숨은 의도가 있었다고 했지? 당시 신라와 당나라는 대동강에서 원산만까지를 경계로 북쪽 땅은 당나라가, 남쪽 땅은 신라가 가지기로 약속했어. 그러나 당나라는 백제에는 웅진도독부를, 고구려에는 안동도호부를 설치하고, 심지어 신라에까지 계림대도독부를 설치하여 지배하려고 했지. 신라는 당나라를 몰아내기 위해 고구려, 백제 유민들과 힘을 합쳤어. 매소성과 기벌포에서 당나라군을 크게 물리친 신라는 676년 마침내 삼국 통일을 완성했단다.

신라의 삼국 통일에 대해서는 여러 가지 의견이 있어. 먼저 우리나라가 통일하는 데 외세를 끌어들였다는 점과 고구려의 영토까지 완전하게 통일을 이루지 못했다는 평가야. 실제로 통일신라의 영토는 대동강에서 원산만까지로, 당시 백제와 신라의 영토만 간신히 차지했거든. 게다가 698년에 고구려 유민 대조영이 고구려 영토였던 곳에 발해를 세웠어. 그래서 다시 발해와 통일신라가 있는 남북국 시대가 열렸지.

물론 좋은 평가도 있어. 외세의 도움을 받긴 했지만 나당 전쟁을 통해 끝까지 당나라를 몰아냈잖아. 여기서 신라의 자주성이 드러나니까.

한반도를 통일한 신라는 전국을 9주로 나누고, 중요한 지역에 5소경을 만들어 나라를 효율적으로 다스렸어.

7장 _ 삼국을 통일한 최초의 통일 왕조, 통일신라

어쨌든 삼국을 통일한 신라는 넓어진 영토를 잘 다스리기 위해 다시 나라를 정비하기 시작했어.

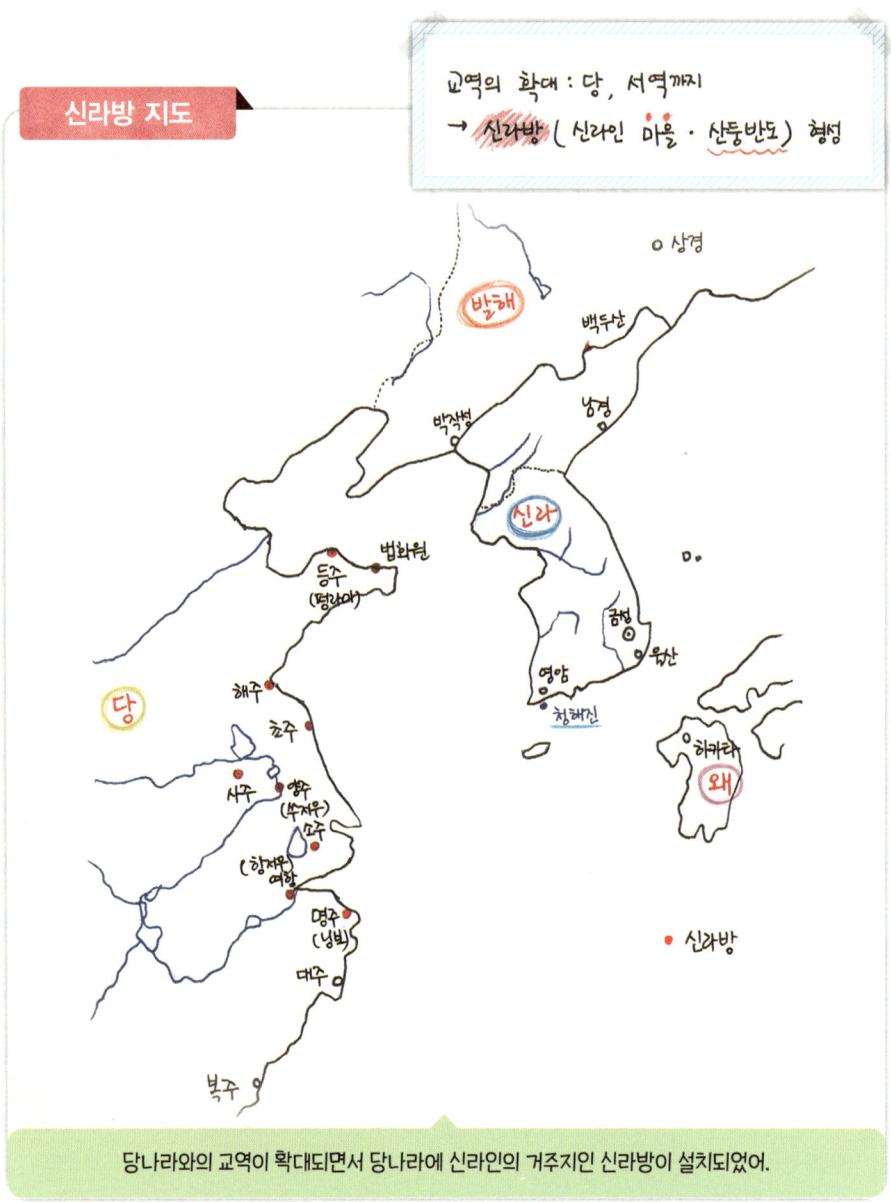

신라방 지도

당나라와의 교역이 확대되면서 당나라에 신라인의 거주지인 신라방이 설치되었어.

삼국을 통일한 문무왕의 뒤를 이어 왕위에 오른 신문왕 은 왕권을 강화하려고 노력했어. 먼저 유교 교육 기관으로 국학을 만들었어. 그리고 넓어진 영토를 효율적으로 통치하기 위해서 전국을 9주로 나누고, 중요한 지역에 5소경을 만들었어. 삼국 통일 후에도 신라는 수도를 옮기지 않았어. 대신 수도인 경주가 동쪽에 치우쳐 있기 때문에 이를 보완하려고 만든 것이 5소경이야. 5소경은 북원경(원주), 중원경(충주), 서원경(청주), 남원경(남원), 금관경(김해)으로, 말 그대로 작은 수도를 의미해. 이곳에 고구려, 백제, 가야의 귀족을 비롯해서 경주의 귀족을 옮겨 살게 했단다.

신문왕은 삼국을 통일한 문무왕의 아들이야. 문무왕은 삼국을 통일했지만 여전히 바다 건너의 왜가 걱정되었어. 그래서 죽어서도 동해의 용이 되어 신라를 지키겠다며 바다에 장사를 지내 달라고 했단다. 문무왕을 장사 지낸 곳이 바로 대왕암이야. 그리고 신문왕은 아버지를 위해 대왕암 부근에 감은사라는 절을 지었지.

신라는 성덕왕에서 경덕왕 시대 까지 귀족 세력이 약해지고, 왕권이 안정되어 장기간 평화의 시대를 갖게 되었단다. 신라의 문화는 이 시기에 최고의 전성기를 이루었어. 석굴암과 불국사, 성덕 대왕 신종(에밀레종)도 이때 만들어졌지.

또한 당나라를 통해 교역이 이루어지고 서역과의 교류도 활발해지면서 다양한 문화를 접하게 되었어. 이때 울산은 국제 무역항이 되어 당과 일본 상인뿐만 아니라 아라비아 상인들까지 오갔다고 해.

신라 원성왕의 무덤으로 추정되는 괘릉에는 무인상이 있는데, 부리부리한 눈과 큰 코 등 얼굴 생김새나 표정, 덥수룩한 수염 등이 아라비아인의 모습을 하고 있단다. 그만큼 많은 아라비아인들이 신라에 왔음을 알 수 있어.

당과의 교역이 많아지면서 당과 신라의 교역로인 산둥반도에는 신라인의 마을인 신라방과 사찰인 신라원, 신라인들을 관리하는 신라소가 설치되었단다.

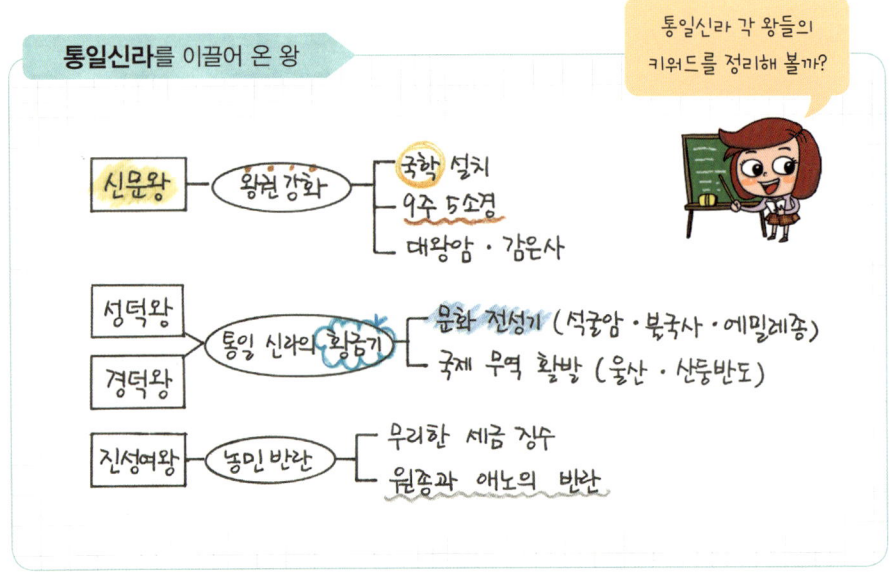

청해진과 장보고

바다를 통한 다른 나라와의 교류에서 중요한 장소가 되었던 곳이 청해진이야. 이곳을 중심으로 일찍부터 우리나라의 바다를 주름잡은 사람이 장보고란다. 신라에서는 낮은 신분으로 궁복으로 불렸던 장보고는 당나라에 건너가 무령군 소장의 지위까지 올라갔어.

당시 신라 조정에서는 왕위 다툼이 일어나 백성들의 생활을 돌보지 않았어. 장보고는 당나라의 해적들이 신라 사람들을 잡아다가 노예로 파는 모습을 보고 분노를 참을 수 없었어. 신라로 돌아온 장보고는 흥덕왕에게 완도에 청해진을 설치해서 신라의 바다를 지키게 해 달라고 부탁했단다. 왕은 장보고를 청해진 대사에 임명했어. 장보고는 청해진을 중심으로 해상권을 장악했지.

청해진이 설치되었던 완도

해적들이 신라 백성들을 괴롭히자 장보고는 청해진을 설치하고 당나라-신라-일본을 잇는 바다를 장악했어.

그 뒤로 당나라와 신라, 일본을 연결하는 해상 무역을 주도하고 신라방이 있던 산둥반도에 법화원이라는 절을 짓기도 했어. 장보고 덕분에 신라의 바다는 평화로워졌단다.

신라는 오랫동안 이어졌지만 세월이 흐르면서 신라 안에서는 불만과 갈등, 사회 문제들이 터져 나오기 시작했단다.
중앙에서는 진골 귀족들 사이에 권력 다툼이 심해졌어. 또한 귀족들의 사치로 백성들의 살림살이는 더욱 어려워졌어. 골품 제도 때문에 마음껏 능력을 펼칠 수 없었던 6두품 세력의 불만도 컸어. 그래서 능력 있는 6두품은 당나라로 건너가 관리가 되는 사람들도 있었어. 대표적인 사람이 최치원이란다. 최치원은 신라에 돌아와 진성여왕에게 개혁의 내용을 정리한 '시무 10조'를 올렸지만 받아들여지지 않았어.
신라는 어떻게 되었을까? 결국 진성여왕 때 농민들의 봉기가 일어났어. 계속된 흉년으로 먹고살기도 어려운데 나라에서 무리하게 거두어 간 세금이 백성들의 불만을 키운 거야. 상주에서 일어난 원종과 애노의 반란을 시작으로 여기저기서 농민 봉기가 일어났지만 나라는 진압할 힘조차 없었단다.

나라의 힘이 약해지자 지방에서 힘을 키운 호족이 등장했어. 호족들은 스스로를 성주, 장군이라 부르면서 군대를 가지고 백성들에게 세금을 걷으며 독자적인 세력을 형성해 나갔어.

그럼 어떤 사람들이 호족이 되었을까? 호족은 주로 지역에서 기반을 가지고 있던 사람이거나, 왕위 다툼에서 밀려난 사람, 해상 무역을 통해 세력을 얻은 사람, 지방의 군인 출신들이었어. 신라의 바다를 주름잡았던 장보고도 해상 세력을 대표하는 호족이라고 볼 수 있지. 나아가 호족 중에서 나라를 세우고 스스로 왕이라고 한 사람이 등장하기도 했는데, 대표적인 사람이 궁예와 견훤, 왕건 이야.
천 년의 역사를 이어 온 신라는 결국 호족이었던 왕건이 세운 고려에 항복하면서 935년에 막을 내리게 되었단다.

통일신라의 정신과 문화

삼국을 통일한 신라는 국가의 안정을 빌며 부처님의 나라를 재현해 내고 싶어 했어. 그래서 만들어진 절이 불국사와 석굴암 이야. 그리고 경주 남산 곳곳에도 부처님과 불상을 조각해서 불국토를 실현하고자 했지.

불국사는 신라의 삼국 통일처럼 비로자나불, 석가모니, 아미타불 등 세 분의 부처님을 한곳에 모시고 있어. 대웅전 앞뜰에 마주 보고 있는 석가탑과 다보탑은 삼국 통일의 결과물이라고 할 수 있어. 백제의 장인 아사달이 만들었다고 하는 석가탑에서는 세계에서 가장 오래된 목판 인쇄물《무구정광대다라니경》이 발견되기도 했단다.

석굴암은 300여 개나 되는 화강암을 다듬어 만든 인공 석굴로, 원래 이름은 석불사란다. 화강암을 다듬어 만든 본존불과 여러 모습의 불상들이 마치 살아 있는 듯 표정과 동작이 생생하게 새겨져 있어.

그런데 안타깝게도 신라인의 지혜로 천 년을 끄떡없이 버텨 온 석굴암 불상들이 훼손되고 있어. 일제강점기에 이곳에 콘크리트를 바른 뒤로 석굴 안에 이슬이 맺히고 곰팡이가 피기 시작했거든. 습기를 없애려고 노력했지만 소용없었지. 결국 석굴암 입구를 유리벽으로 차단하고 냉방 시설을 들여놓았단다. 하지만 냉방 시설의 소음과 진동으로 인한 피해도 있다고 해. 현대의 최첨단 기술도 천 년 전 신라의

통일신라는 부처님의 나라를 소망했어. 그래서 경주 곳곳에 절과 불상들을 만들어 두었지.

석굴암

불국사

기술을 따라가지 못하는 셈이지.

신라의 소리라고 들어봤니?
우리나라에서 가장 큰 종인 성덕 대왕 신종 의 종소리를 말해. 성덕 대왕 신종은 경덕왕이 아버지 성덕왕을 위해 만들려고 했지만 완성하지 못했고, 그 아들인 혜공왕이 완성했어. 종 맨 위에 소리통(음통)이 있어서 아름답고 신비로운 소리가 오래 울려 퍼진단다. 종을 만드는 데는 소리와 형태, 조각 등 여러 기술이 필요해. 현대의 기술로도 따라갈 수 없을 만큼 신라 시대에 금속 기술이 뛰어났음을 알 수 있지.

성덕 대왕 신종

'에밀레에밀레'라는 소리를 낸다고 해서 에밀레종이라고도 불러!

대조영이 고구려를 계승해 세운 나라, 발해

8장

앞에서 본 것처럼 고구려는 668년에 멸망하고 말았어. 하지만 고구려 사람들은 나라가 멸망한 뒤에도 계속 당나라에 저항했지. 그러다가 대조영이라는 사람을 중심으로 698년 동모산 지역에 새로운 나라를 세우게 된단다.

이렇게 남쪽에서는 삼국을 통일한 신라가, 북쪽에서는 발해가 각각 나라를 이루었는데, 이 시대를 남북국 시대라고 불러. 조선 후기 실학자인 유득공의 《발해고》를 보면 남북국 시대에 대한 이야기가 있어.

그럼, 고구려의 후예인 대조영이 발해를 세운 과정을 자세히 알아볼까?

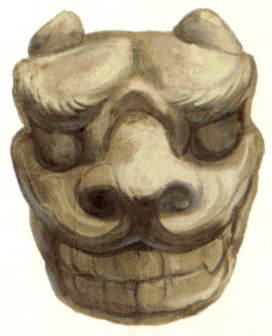

발해의 건국과 성장

고구려가 멸망한 뒤, 옛 고구려 땅에서는 고구려 부흥 운동이 일어났어. 당나라는 고구려 부흥 운동의 맥을 끊기 위해 보장왕을 비롯해 일부 귀족들을 당나라로 끌고 갔고, 수만 가구의 고구려 사람들을 요서의 영주 지방으로 강제 이주시켰어. 하지만 고구려 사람들은 힘든 세월을 보내면서도 당의 지배에서 벗어나기 위하여 노력했지.

그러던 중 거란족이 반란을 일으킨 틈을 타 걸걸중상과 걸사비우가 이끄는 고구려 유민과 말갈족은 요하를 건너 동쪽으로 도망쳤어. 대조영은 천문령에서 고구려 유민을 뒤쫓아 온 당나라 군대를 크게 물리쳤지. 당나라 군대보다 열세였지만 천문령의 지형과 지세를 이용해 지혜롭게 승리한 거야.

결국 698년, 대조영은 고구려 유민들 그리고 말갈 사람들과 힘을 합쳐 동모산에서 나라를 세웠어. 나라 이름을 '진'이라고 했지. 점차 세력이 강력해진 진나라를 이후 당나라는 '발해'라 불렀어.

발해는 926년 멸망할 때까지 고구려의 전통을 이어 나가며 나라를 발전시켰어. 발해 사람들은 늘 자신들이 고구려의 후예라는 생각을 가지고 옛 고구려에 견줄 만큼 영토를 넓히고 나라의 힘을 강하게 길렀단다. 그리하여 발해는 당나라가 동쪽의 큰 나라 '해동성국'이라 일

당나라에 저항해 세워진 발해

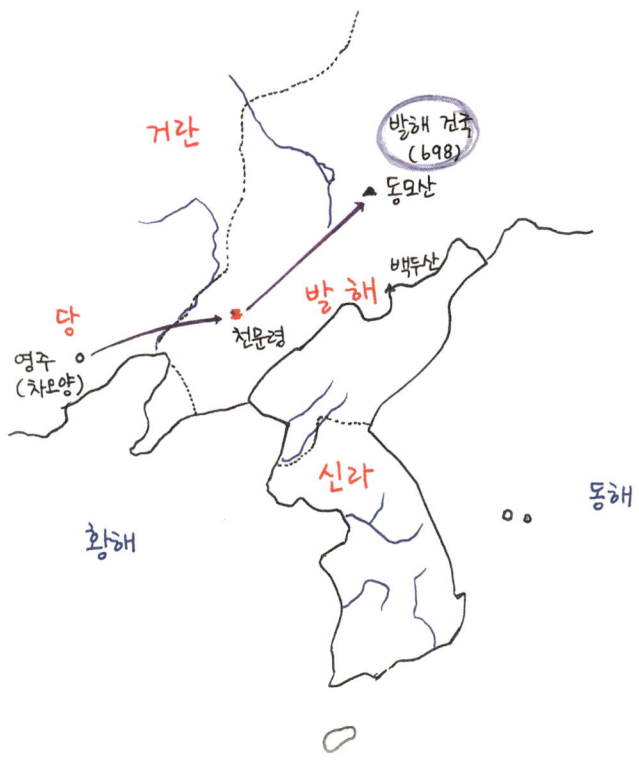

대조영은 당나라에 저항해 고구려 유민들 그리고 말갈 사람들과 힘을 모아 발해를 세웠어.

컬을 만큼 세력이 대단한 나라가 되었지.

발해가 세력을 넓혀 나가자 당나라와 신라는 서로 친하게 지내며 발해와는 대립했어. 이에 발해는 북쪽의 거란, 바다 건너의 일본과 친하게 지내면서 당과 신라의 협공을 막으려 했어.

대조영에 이어서 임금이 된 무왕 은 영토를 크게 확장하여 북만주 일대를 차지했단다. 당나라가 말갈족을 이용하여 발해를 분열시키려 하자, 거란과 손잡았으며 장문휴와 수군을 보내 산둥 지방의 등주를 점령하기도 했지.

무왕의 뒤를 이어 왕위에 오른 문왕 은 안록산의 난 등으로 당나라의 국력이 약화되자 요하까지 영토를 넓혔고, 남쪽으로는 신라와 마주하게 되었어. 당나라와 발해의 치열했던 대립은 점차 나아졌는데, 문왕은 당나라와 친선을 맺고, 당나라의 문물과 제도를 받아들이는 데에도 힘썼단다. 또한 신라와도 사절단이 오고 가는 교류가 이루어졌어. 문왕은 도읍을 상경 용천부(동경성)로 옮기고, 제도를 정비하였으며 국립 대학인 주자감을 설치했어.

발해의 전성기는 9세기 전반, 선왕 때였어. 이 무렵 당나라의 문화를 수입하여 발해의 전성기를 이루었지. 발해는 당나라에 유학생을 보내는 등 당나라의 문물과 제도를 적극적으로 수용했어. 이때 발해 영토는 남으로는 대동강과 원산만으로 신라와 국경을 접하였고, 북

발해의 전성기

> - 발해의 전성기: 선왕 때
> - 높은 수준의 문물과 제도
> - 옛 고구려 땅 거의 회복

흑수말갈
거란
발해
하얼빈
상경 (동경성)
중경 · 동경
블라디보스토크
당
지안 · 서경 · 백두산
요양
남경
동해
신라
황해

발해는 선왕 때 전성기를 맞았어. 높은 수준의 문물과 제도를 가졌을 뿐 아니라
옛 고구려 땅을 거의 회복했지.

8장 _ 대조영이 고구려를 계승해 세운 나라, 발해

으로는 흑룡강, 송화강, 연해주까지 확대되어 고구려의 영토를 거의 회복했어.

5경은 정치, 경제, 문화의 중심지였어. 중국에서는 동아시아의 새로운 강자로 떠오른 발해를 '동쪽 바닷가의 융성한 나라'라는 의미로 '해동성국'이라 불렀어.

그러나 9세기 후반 발해는 점차 쇠퇴의 길을 걷는단다. 결국 926년 거란족이 세운 요나라에 의해 멸망했지. 발해 멸망 후 왕족과 고구려 계통의 많은 귀족들은 고려로 귀화했어.

발해의 정치와 제도

발해의 중앙 정치, 행정 제도는 3성 6부제를 기본으로 하고 있어.

3성 6부제는 당나라의 영향을 받은 것이지만 명칭과 운영 방식은 발해만의 방식을 사용했지. 예를 들면 당나라의 3성은 중서성, 문하성, 상서성으로 되어 있으나 발해의 3성은 정당성을 중심으로 선조성과 중대성으로 나누어 운영했고, 정당성 아래 6부를 두어 나랏일을 처리하게 했어.

6부의 명칭도 당나라는 '이부, 호부, 예부, 병부, 형부, 공부'였다면 발해는 유교의 덕목인 '충, 인, 의, 지, 예, 신'을 사용하여 '충부, 인부, 의부, 지부, 예부, 신부'라 했어. 그리고 국가의 중요한 일은 귀족들이 정당성에 모여서 회의를 통해 결정했지. 발해의 지방 통치 제도는 5경 15부 62주로 이루어졌어.

15부 중에서 군사적, 행정적 요충지에 5경을 설치하였는데 발해의 수도는 5경 중 하나에 정해졌지.

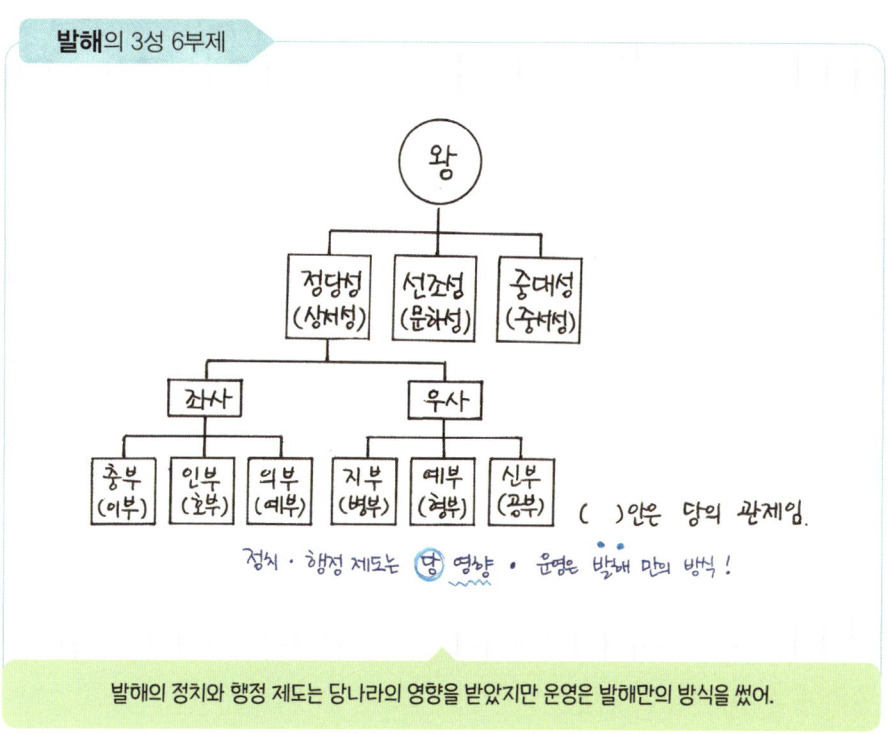

발해의 정치와 행정 제도는 당나라의 영향을 받았지만 운영은 발해만의 방식을 썼어.

발해의 갑작스러운 멸망

해동성국이라 불리며 승승장구했던 발해가 왜 갑자기 멸망했는지는 분명하게 전해지지 않아. 그저 거란의 공격을 받은 지 3일 만에 힘없이 무너졌다는 기록만이 전할 뿐 자세한 내용이 남아 있지 않거든.

거란족의 기록에 따르면, 9세기 후반 이후 지배층인 고구려인과 피지배층인 말갈족 사이에 내부 갈등이 있었다고 해. 내부 분열로 인해 국력이 급속히 약화되었고, 결국 세력을 키운 거란족에게 멸망당하지 않았을까 짐작돼.

어떤 학자는 발해의 멸망이 백두산에 있었던 큰 화산 폭발 때문이라고 주장하기도 하지. 융성했던 발해가 갑작스럽게 멸망한 정확한 원인에 대해서는 아직도 연구하고 있어.

발해의 역사는 왜곡하려는 사람들이 많아서 우리가 더 관심을 가질 필요가 있어. 중국은 발해를 당나라의 지방 정권이라고 하면서 그들의 역사 속에 편입시키려 하고 있지. 러시아 또한 발해는 말갈족이 세운 나라로 자신들의 소수 민족의 나라라고 주장하고 있어.

그러나 발해는 우리 민족이 세운 나라란다. 중국의 역사책인 《구당서》에서는 대조영을 '본래 고구려의 또 다른 종족이다'라고 기록하고 있어. 그 외에도 여러 역사책에 대조영은 고구려 사람이며, 발해 귀족의 성씨로 고, 장, 이씨가 있었다고 기록되어 있어.

발해가 일본에 보낸 외교 문서를 보아도 스스로 고려 왕이라 칭했고, 일본이 발해에 보낸 문서에도 고려 왕이라는 글씨가 쓰여 있어. 또한 발해의 유적지에서 발굴된 유물들 중 대다수가 고구려의 문화를 이어받은 것이지.

발해는 고구려를 이은 우리 민족의 나라야!

발해 사람들의 의식주

이번에는 보통 발해 백성들의 생활을 잠시 살펴보자. 추운 지역에 살았던 발해 사람들은 주로 사냥한 짐승의 가죽으로 옷을 만들어 입었어. 문왕의 딸이었던 정효 공주의 무덤에 그려진 벽화를 보면 당시 사람들의 옷차림을 알 수 있단다.

발해 사람들은 무엇을 먹고 살았을까? 산악 지역에 사는 사람들은 논농사보다는 보리, 수수 등 곡식을 재배했고, 사냥해서 먹을거리를 마련했다고 해. 바닷가 사람들은 물고기나 해산물로 음식을 했다고 하지.

추운 겨울에는 온돌을 이용한 난방 시설을 설치하여 추위를 이겨 냈어. 온돌 시설을 보아도 발해가 고구려 문화를 계승했다는 것을 알 수 있단다.

발해의 정신과 문화

발해는 고구려 문화를 바탕으로 하여 굳세고 씩씩한 문화를 이루었어. 그 위에 발달된 당나라의 문화를 수입하여 더욱 세련되어졌지. 옛 발해 땅에 남아 있는 불상, 기와, 석등, 벽돌 등의 유물을 통해 발해가 불교를 숭상했다는 것을 알 수 있어.

정효 공주 묘

발해 공주의 무덤에 그려진 벽화를 통해 당시 발해의 생활을 엿볼 수 있어.

발해의 절과 묘지 등은 고구려와 많이 닮아 있어.

발해는 다양한 나라와 접촉하였기 때문에 문화도 다양하게 표현되었어. 정혜 공주의 무덤, 기와 문양, 온돌 장치 등은 고구려의 것과 같은 모습을 하고 있지만, 그릇에는 말갈의 정서가 더 많이 담겨 있었고, 당시 사람들의 복장은 당나라의 문화를 받아들이면서 당나라식으로 바뀌었단다.

발해는 고구려 멸망 이후 우리 민족이 만주 지역에 세운 나라로 우리에게 큰 의미가 있어. 문화 또한 고구려 문화 위에 당나라 문화가 결합되어 오늘날 우리에게 그 역사적 가치를 더해 주고 있지.

발해 용머리상

상경성 제1궁궐터에서 나온 용머리상이야.

민족을 완전히 통일한 왕조,
고려

9장

"오, 필승 코리아!" 월드컵이나 올림픽이 열릴 때면 어김없이 한마음이 되어 부르는 노래야. '코리아'는 고려를 오간 아라비아 상인들이 처음으로 부르기 시작한 거야.
자, 그럼 지금부터
코리아의 원조가 된 고려라는 나라를 알아보기로 하자.

고려의 건국과 발전

통일신라는 9세기 말에 들어서면서 왕의 무능한 나라 운영과 귀족들의 사치스러운 생활로 나라가 어지러워졌어.

이 틈을 타 지방에서는 호족 세력이 등장하기 시작했어. 그중 견훤과 궁예라는 사람은 각각 후백제와 후고구려를 세웠어. 통일신라와 두 나라가 공존했던 때를 후삼국 시대 라고 부르지.

개성의 호족 세력 왕건은 후고구려를 세운 궁예를 몰아내고 고려를 세우게 돼. 그런 다음, 견훤의 후백제마저 평정하고, 쇠퇴해 버린 신라까지 흡수해 후삼국을 통일했지.

고려의 후삼국 통일은 여러 가지 의의가 있어. 무엇보다 삼국을 통일한 고려는 고구려, 백제, 신라의 다양한 문화를 받아들여 개방성과 다양성을 특징으로 하는 새 문화를 꽃피웠지. 또 고려는 중앙 귀족이 아닌 지방 세력이 세운 국가였어. 후백제와 신라, 발해까지도 모두 통합해 실질적인 민족 통일을 완성했다는 평가를 받고 있단다.

고려를 세운 사람은 태조 왕건 이야. 송악(개성)의 호족이었던 왕건은 궁예의 부하가 된 뒤, 지금의 경기도와 충청도 지역으로 영토를 넓히고 금성(나주)도 점령했어. 그러다 왕건은 홍유, 신숭겸 등과 함께 포악하고 의심이 많은 궁예를 쫓아내고 나라를 이어받는단다. 왕

후삼국을 통일한 고려

통일 신라의 힘 약화
→ 후삼국 시대 개막
→ 고려는 후삼국 통일 · 발해 흡수.

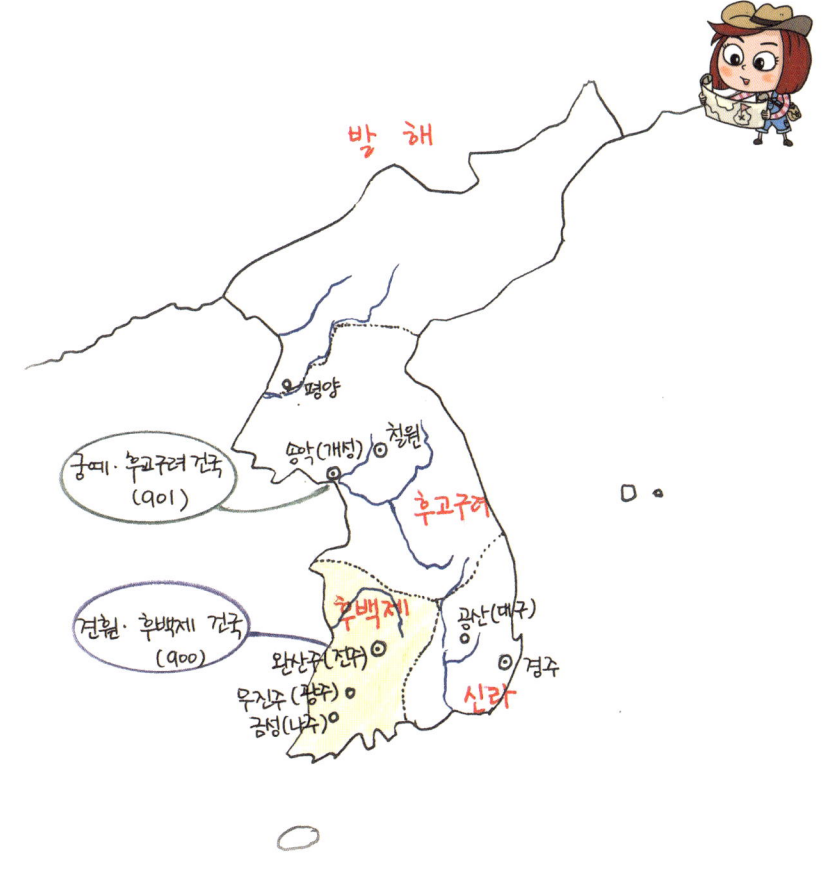

통일신라가 어지러워지자 후삼국 시대가 열리게 돼.
고려는 후삼국을 통일하고 발해까지 흡수하면서 민족 통일을 이루게 되었어.

건은 고구려의 후계자라는 뜻에서 나라 이름을 '고려'라 부르고, 도읍을 송악으로 정했어.
이어 왕건은 지방에서 힘을 갖고 있었던 호족들과 힘을 합쳐 후삼국을 통일하게 되었단다.

고려를 통일한 태조 왕건은 제도를 정비하고 나라를 안정시키기가 쉽지 않았어. 그래서 강한 왕권을 다지기 위해 지방의 호족들을 끌어들였지.
왕건은 지방 호족 세력을 하나로 묶으려고 여러 호족 집안과 결혼했단다. 또 공을 세운 신하에게는 자신의 왕씨 성을 내려 주어 혈연관계를 맺기도 했어. 이로써 나라의 밑바탕을 잘 다질 수 있었단다.
그러나 이런 일들은 태조 왕건이 죽은 다음, 많은 문제를 불러일으켰어. 왕건의 수많은 자식과 부인들이 권력을 장악하기 위해 다툼을 벌였거든. 고려는 나라를 세운 지 얼마 안 되어 위기를 맞았어.

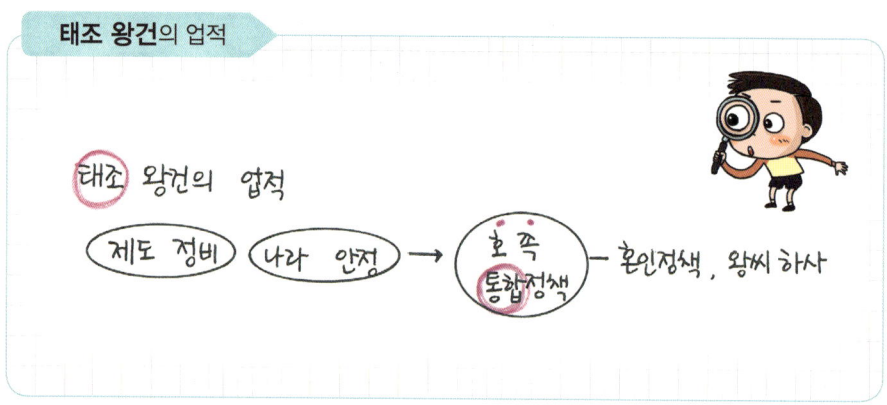

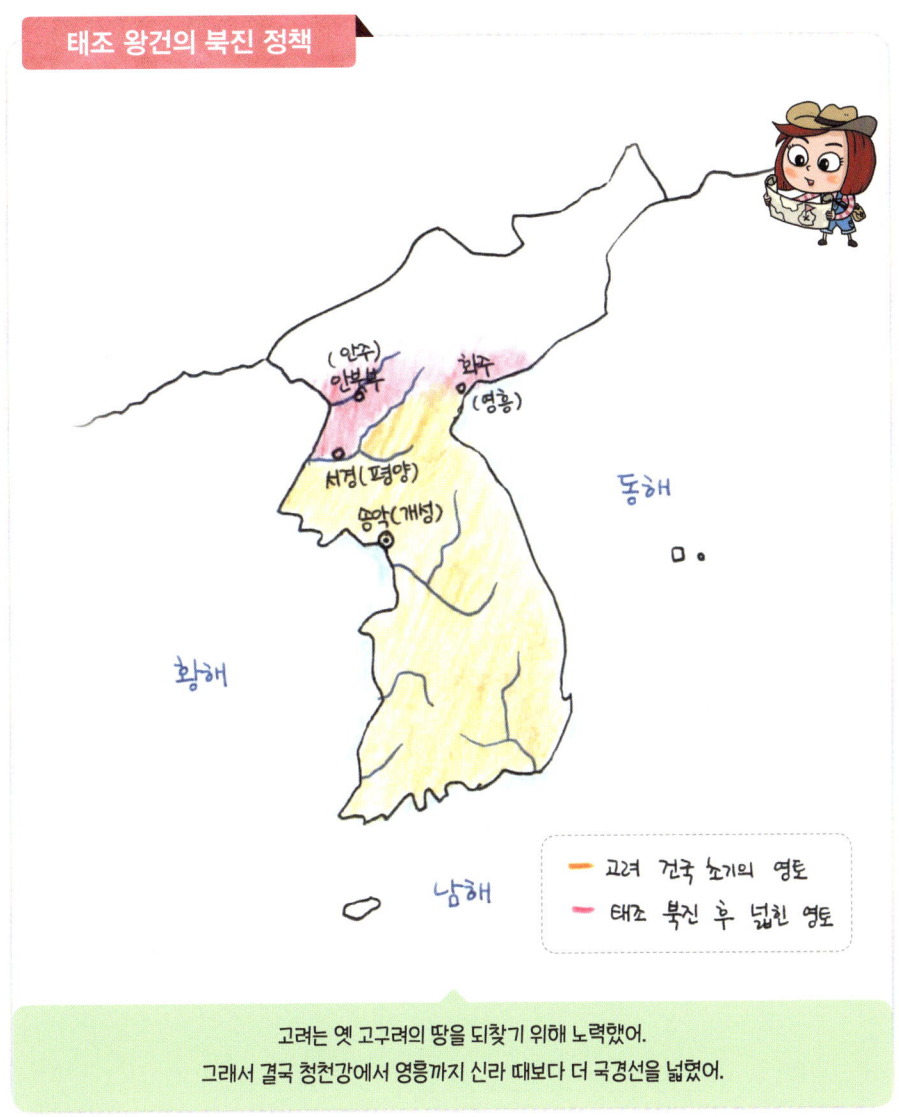

고려는 옛 고구려의 땅을 되찾기 위해 노력했어.
그래서 결국 청천강에서 영흥까지 신라 때보다 더 국경선을 넓혔어.

고려 초기의 위기를 이겨 내고 나라를 튼튼하게 만든 왕이 바로 광종 이야. 광종은 과거제도를 실시하여 능력 있는 인재를 뽑고, 노비안검

법을 실시해 호족 때문에 억울하게 노비가 된 사람을 풀어 주었어. 노비안검법이란 신라 말 또는 고려 초기에 억울하게 노비가 된 사람을 다시 양민으로 되돌려 준 것을 말해. 호족들의 노비를 일반 백성으로 풀어 주고, 그들이 낸 세금으로 국가 재정을 늘려 왕권을 강화할 수 있었지. 그리고 이것은 호족의 세력을 약화하기 위한 제도라고도 할 수 있어.

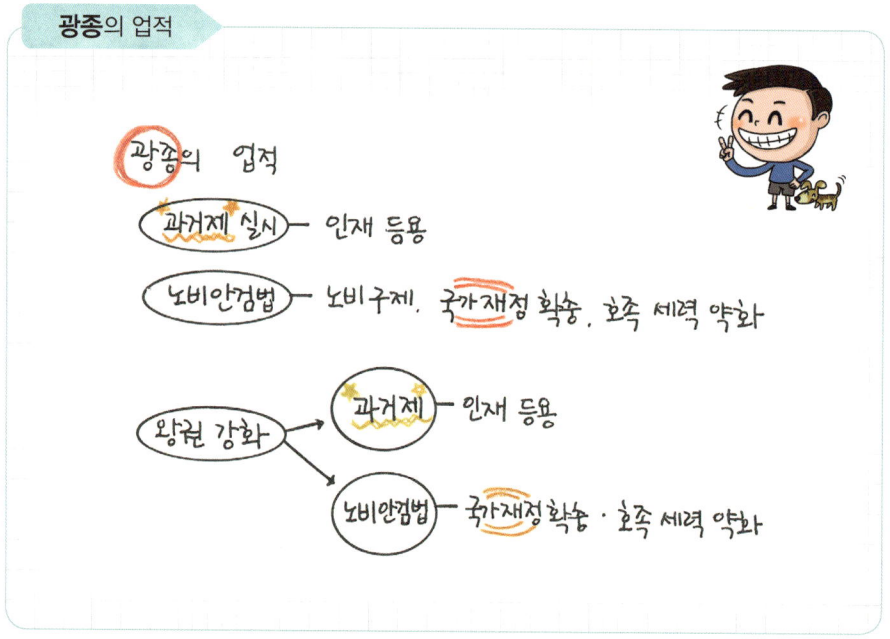

광종의 뒤를 이은 왕들도 고려의 발전을 위해 법과 제도를 계속 정비해 나갔어. 특히 성종 때는 처음으로 지방에 관리를 파견하고, 유교를 정치 이념으로 삼았단다.

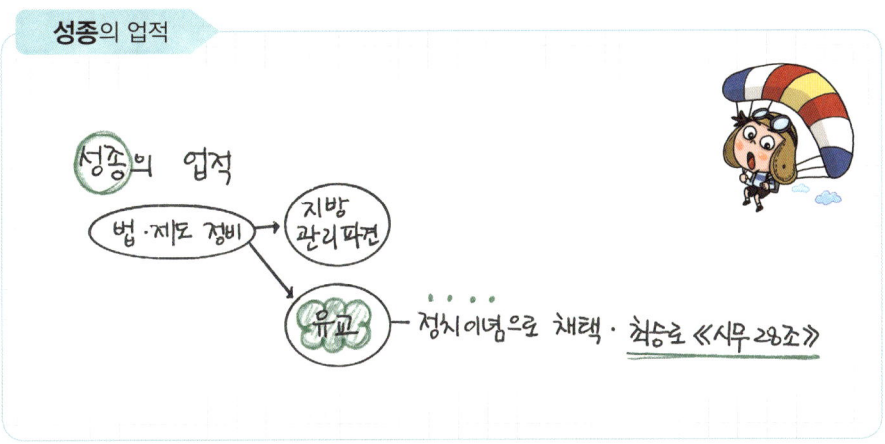

관리였던 최승로가 유교 사상을 바탕으로 성종에게 올렸다는 28개 항목의 건의안이 있어. 바로 《시무 28조》야. 총 28조 중 오늘날 전해지는 것은 22개 항목이란다. 간단하게 알아볼까?

> 불교 행사에 폐단이 많으니 과도한 행사를 금지할 것
> 왕은 신하를 예로써 대할 것
> 지방마다 관리를 파견하고 백성들의 생활을 돌볼 것

성종은 정치할 때 기본 이념을 유교로 삼자는 최승로의 건의를 대부분 받아들였지.

고려 사회가 건국 이후 최고의 전성기를 맞이한 때는 현종, 덕종, 정종을 거쳐 문종이 즉위한 때였어. 관직 제도가 정비되었고, 전시과 등 여러 가지 경제 제도도 마련되었지. 또한 활발한 대외 교류가 이루어진 것도 문종 때라고 해.

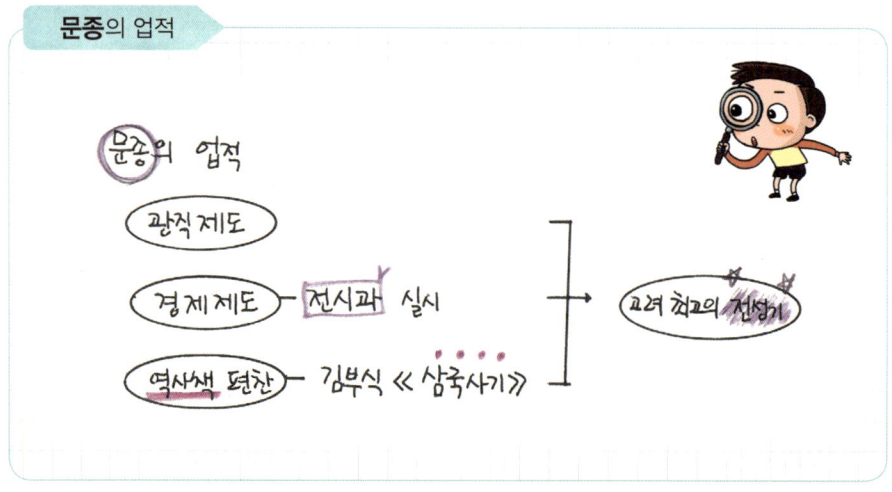

자신감이 넘치던 고려는 나라의 뿌리를 찾기 위해 역사책을 만들었는데 대표적인 것이 삼국 시대를 다룬 김부식의 《삼국사기》야. 또 고려 후대에는 일연 스님의 《삼국유사》, 이규보의 《동명왕편》, 이승휴의 《제왕운기》 등 다양한 역사책이 편찬되었어.

고려의 대외 관계와 오랜 전쟁

고려하면 전쟁 이야기를 빼놓을 수 없어.
귀주 대첩으로 유명한 거란과의 30년 전쟁 을 알아볼까?
만주에서는 거란족이 916년 여러 부족을 통일하고 요나라를 세웠어. 점점 세력을 키운 거란은 926년 발해를 멸망시키고 고려를 위협해 왔지. 여진족 또한 세력을 키워 고려를 넘봤어.

고려와 송나라는 요나라를 견제하기 위해 화친 정책을 폈어. 그러나 오히려 이 때문에 요나라는 30여 년에 걸쳐 세 차례나 고려를 공격했단다. 1차 침입 의 목적은 고려와 송나라 사이의 교류를 끊으려는 것이었어. 하지만 서희의 담판으로 군사적 요충지인 강동 6주까지 차지하며 평화적으로 전쟁을 마무리했어.

그런데 이후 송나라와의 대결에서 우위를 차지한 요나라 성종이 40만 대군을 이끌고 침입한 2차 전쟁 으로 고려는 개경까지 함락되는 큰 피해를 입었어.

서희의 담판

> 송과 고려의 교류를 단절시키려는
> 요나라(거란) VS 서희
> → 강동 6주 차지!

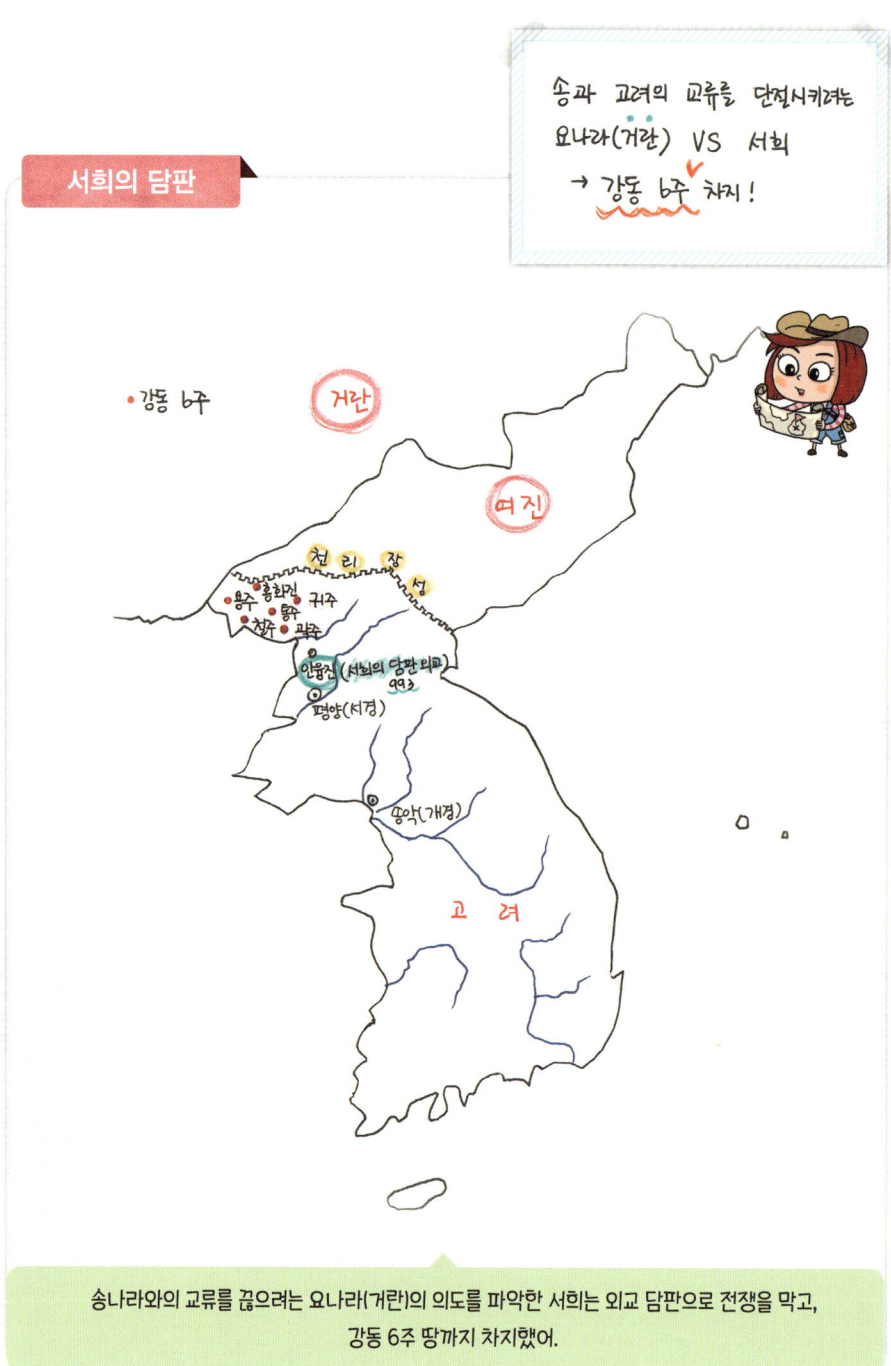

송나라와의 교류를 끊으려는 요나라(거란)의 의도를 파악한 서희는 외교 담판으로 전쟁을 막고, 강동 6주 땅까지 차지했어.

강동 6주를 반환하고 고려 왕이 친히 요나라 왕실에 신하의 갖추라는 요나라의 요구에 고려가 응하지 않자 3차 전쟁 이 시작되었어. 소배압이 이끄는 거란의 10만 대군이 고려를 침입했지.

이때 지략이 뛰어난 고려의 강감찬 장군은 요나라 군대가 지나갈 길목인 흥화진 인근에 기마병을 숨겨 놓았어. 또한 강둑을 미리 막아 두었다가 요나라 군사가 강물을 건널 때 그것을 터뜨려 크게 승리했어. 정신없이 쫓겨 가는 적을 귀주에서 전멸시켜 대승으로 전쟁을 마무리했지. 이것이 일흔 살의 나이로 요나라 군대를 물리친 강감찬 장군의 유명한 귀주 대첩 이야.

고려는 세 번의 전쟁이 끝난 뒤, 국경 수비를 강화하고 적의 침입에 대비해 국경 지대에 천리장성을 쌓았단다.

요나라와의 전쟁이 끝나고 약 100년 뒤에는 고려의 여진 정벌 이 시작됐어.

여진족은 만주와 동북쪽에 흩어져 살았는데, 한때는 부모의 나라라고 고려를 섬겼지만 점점 고려를 위협하기 시작했거든.

여진족의 강력한 기병을 물리치기 위해 윤관은 특수부대인 별무반을 조직했지. 기병으로 이루어진 신기군, 보병인 신보군, 승려들로 이루어진 항마군으로 나뉘어 맹훈련을 했어. 결국 여진 정벌에 성공한 윤관은 동북 지역에 9개의 성을 쌓고 고려의 백성들을 그곳에 이주시켰단다.

그러나 변방에 있는 9성을 지키고 유지하기란 쉽지 않았지. 결국 9성

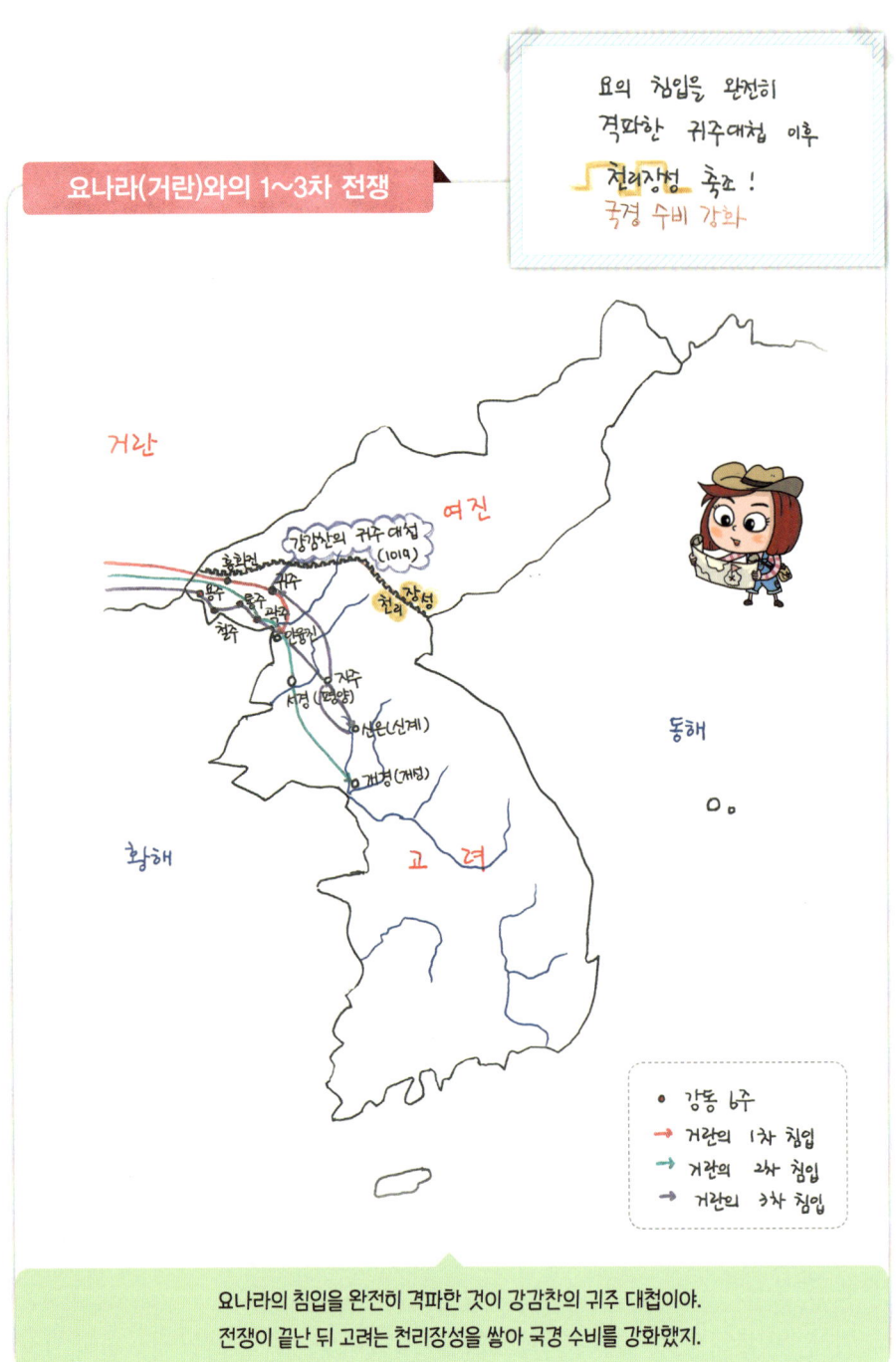

요나라의 침입을 완전히 격파한 것이 강감찬의 귀주 대첩이야.
전쟁이 끝난 뒤 고려는 천리장성을 쌓아 국경 수비를 강화했지.

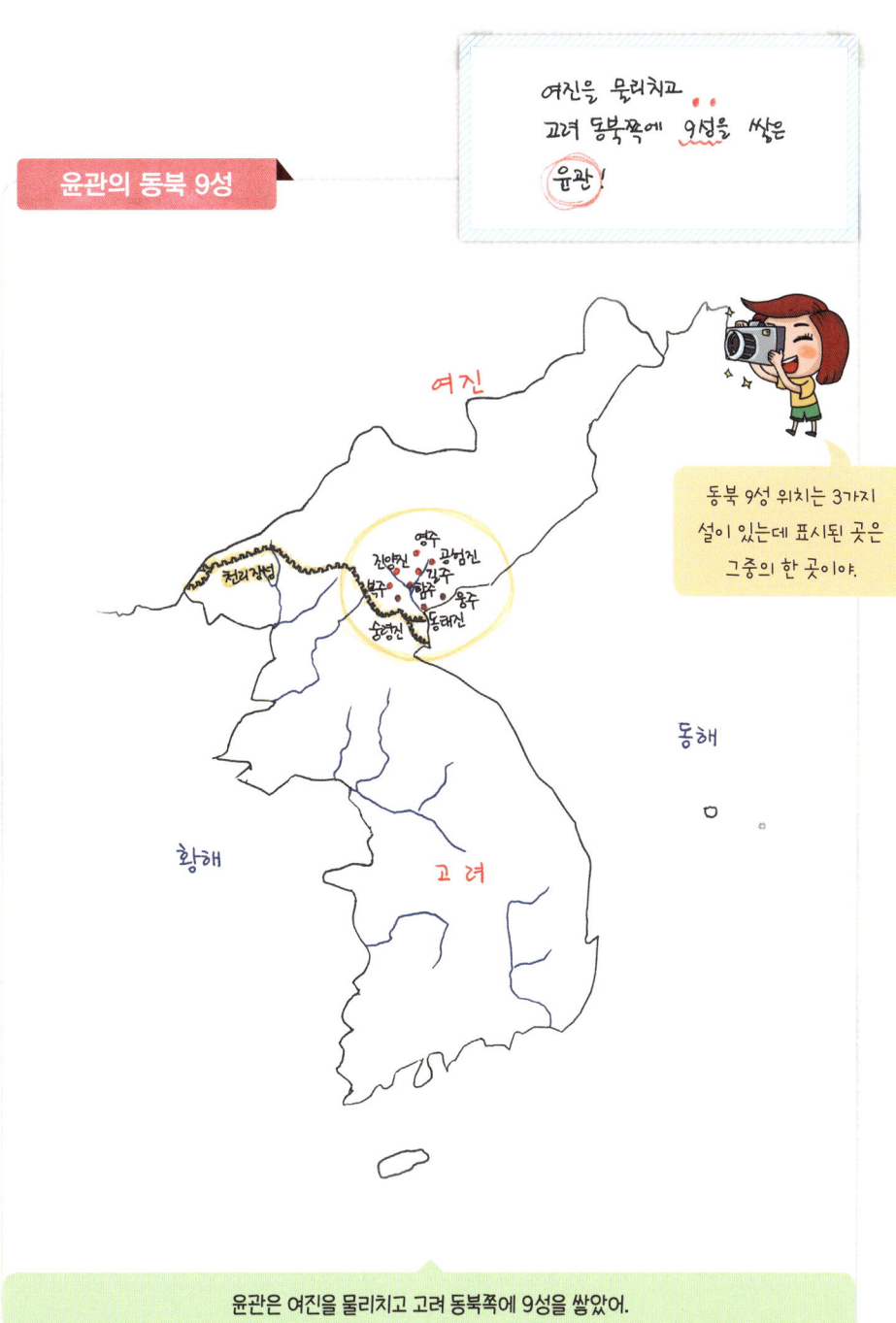

9장 _ 민족을 완전히 통일한 왕조, 고려

을 돌려 달라는 여진족의 끊임없는 요구를 들어주어야만 했어. 여진족은 힘을 길러 요나라를 멸망시키더니 금나라를 세우고, 그 뒤로도 끊임없이 고려를 괴롭혔어.

고려의 반란과 무신 정권

북방 이민족의 침입을 극복하며 고려 사회는 점차 변해 갔어. 대대로 벼슬아치를 배출한 특정 가문들이 고려 사회의 지배층이 되었어. 이들은 과거나 음서제(왕실이나 공신의 자손 또는 5품 이상 관료의 자손은 과거를 통하지 않고도 관리가 될 수 있는 제도로 고려와 조선 시대에 있었던 제도)를 통해 조정에 진출했고, 비슷한 가문이나 왕실과의 혼인을 통해 세력을 키웠는데, 이들을 문벌 이라고 해.

문벌 귀족 중에서 경원 이씨 집안은 7대에 걸쳐 10명의 왕비가 나올 만큼 권력이 대단했지. 경원 이씨 집안의 중심인물인 이자겸은 딸 세 명을 모두 왕비로 만들 만큼 권세가 높았다고 해. 그러다 보니 많은 사람들이 임금님보다 이자겸을 더 무서워했고, 이자겸에게 잘 보이기 위해 가져다 바친 뇌물들로 이자겸의 집에는 창고마다 고기가 가득 차 썩어 갈 정도였대.

1126년, 결국 이자겸은 자신을 제거하고자 한 인종에 맞서 반란을 일으켰는데 이를 '이자겸의 난'이라고 해. 이자겸의 난은 간신히 진압되었지만 궁궐이 불타는 등 도읍 개경은 많은 피해를 입었어.

무엇보다 이 일로 왕실의 권위는 땅에 떨어졌어. 그러자 서경 출신인 묘청은 임금 인종에게 '고려를 황제국이라 칭하고, 독자적인 연호를 사용하며, 금나라를 정벌할 것'을 건의했단다. 그러면서 도읍을 서경으로 옮기자고 했어.

하지만 김부식을 비롯한 개경의 귀족들은 자신들의 권력이 약해질까 두려워 서경 천도를 반대했지. 그러자 묘청은 서경에서 반란을 일으키고 말아. 개경에서는 김부식을 사령관으로 해서 이를 진압할 토벌군을 보냈는데, 그 싸움이 1년이나 계속되었지. 결국 개경파가 이기면서 개경 귀족들의 세력이 하늘을 찌르게 되었어. 1135년에 일어난 이 사건을 묘청의 서경 천도 운동 이라 한단다.

그 뒤로도 고려의 정치는 점점 어지러워졌어. 특히 국왕 의종과 그의 총애를 받던 귀족들은 백성들에게 무거운 세금을 거두었고, 매일같이 화려한 잔치를 열었다고 해.

그러던 중 무신들이 자신들을 멸시하던 문신을 몰아내고 권력을 잡은 사건이 일어났어. 고려에서는 문신을 우대하고 무신을 홀대했거든. 문신 중심의 문벌 귀족들은 무신을 천대하고 모욕도 서슴지 않았지. 기회를 노리던 무신들은 결국 보현원에서 반란을 일으켜 정권을 잡았단다. 수백 명의 사람들을 죽이고 왕까지 바꾸어 버린 무신들은 자신들의 강력한 군사력을 이용해 고려를 무신의 나라로 만들었어. 이로써 무신 정권 100년이 시작되었지.

처음 무신 정변을 일으켰던 정중부의 뒤를 이어 경대승, 이의민, 최충헌 등이 돌아가면서 권력을 잡았지. 특히 최충헌은 자식과 손자에게 권력을 물려주며 60년이 넘도록 최씨 정권을 유지했어.

한편 고려 밖에서도 위기가 닥쳐오고 있었어. 한때 중국을 호령하던 금나라는 몽골의 공격으로 급속히 세력이 약해졌단다. 칭기즈 칸에 의해 통일된 몽골은 아시아는 물론 동유럽까지 정복하며 세계 최강 국가로 떠오르고 있었어.

고려도 몽골의 침입 을 받았어. 몽골은 40여 년 동안 총 6차례나 침입했고 고려는 무려 40여 년의 기나긴 세월을 싸우며 힘겹게 버텼단다. 몽골과의 전쟁이 시작된 때 고려에서는 무신들이 정권을 장악하고 있었어. 무신 정권의 최고 세력이었던 최우는 몽골에 굽히기를 거부하면서 강화도로 도읍을 옮겼지.

1232년 몽골은 살리타를 대장으로 기병 1만여 명을 보내 고려를 공격했어. 한강 너머까지 진출한 몽골군은 처인성을 공격하기 시작했어. 당시 처인성에서는 승려 김윤후가 승병과 부곡의 천민들, 피난 온 고을의 백성들과 함께 그곳을 지키고 있었어. 김윤후와 백성들은 몽골군을 맞아 용감하게 싸웠단다. 결국 적장 살리타가 목숨을 잃고,

몽골의 침입

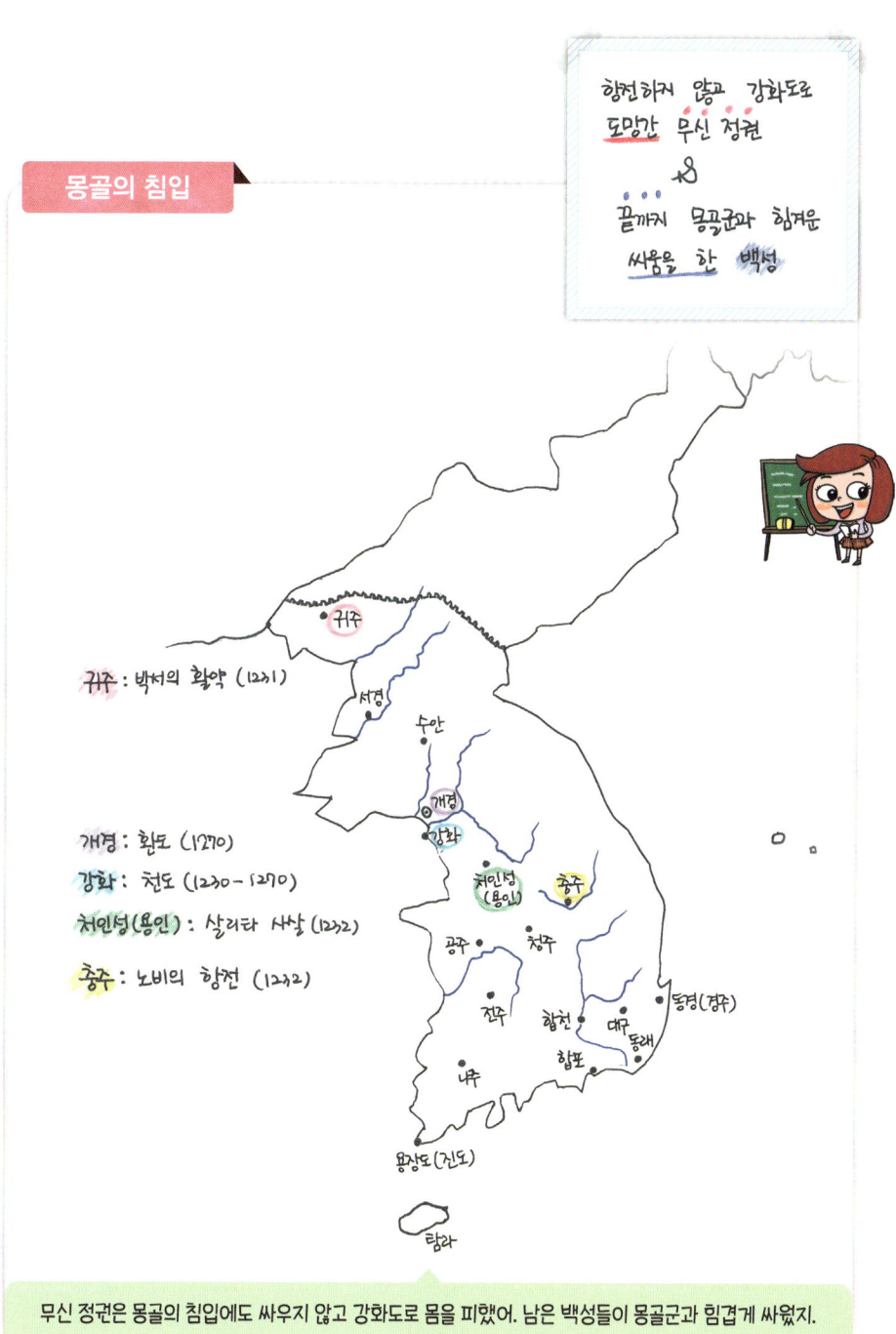

항전하지 않고 강화도로 도망간 무신 정권 vs 끝까지 몽골군과 힘겨운 싸움을 한 백성

귀주 : 박서의 활약 (1231)

개경 : 환도 (1270)
강화 : 천도 (1230~1270)
처인성(용인) : 살리타 사살 (1232)
충주 : 노비의 항전 (1232)

무신 정권은 몽골의 침입에도 싸우지 않고 강화도로 몸을 피했어. 남은 백성들이 몽골군과 힘겹게 싸웠지.

9장 _ 민족을 완전히 통일한 왕조, 고려

몽골군은 철수했지.

그러나 고려의 임금과 귀족들은 강화도에서 호의호식하며 지냈어. 전국 각지에서 백성들이 스스로 마을을 지키기 위해 몽골군과 힘겨운 전쟁을 수없이 하고 있는데 말이야.

40여 년간 계속된 전쟁으로 고려의 국토는 황폐화되었고, 많은 고려 백성들이 몽골에 포로로 끌려갔어. 또 황룡사 9층 목탑과 대장경을 비롯한 문화재들도 불타 사라졌단다.

몽골과의 전쟁이 끝난 후 고려는 100여 년 동안 몽골의 간섭을 받게 되었어. 몽골에 충성한다는 의미로, 고려의 왕 이름 앞에는 '충' 자를 붙여야만 하는 수모를 겪게 되었지.

고려의 사회와 문화

고려는 특히 상업이 발달했던 나라야. 나라 안에서 상업이 활발해지자 자연스레 다른 나라와의 무역도 활발해졌지.

고려의 대표적인 무역항으로 멀리 외국에서 온 상인들로 북적댔던 곳은 어디일까? 바로 '벽란도'야. 고려의 도읍 개경과 가까운 예성강 입구에 있는 나루터이자 국제 무역 항구였지. 코리아라는 이름이 알려지게 된 곳도 바로 이곳이야. 이곳에는 송나라 상인뿐만 아니라 아라비아, 일본, 동남아시아의 상인들이 많이 오갔단다.

고려는 특히 송나라와 활발한 무역을 펼쳐 비단, 약재, 서적 등을 수입하고, 인삼, 금·은, 나전칠기, 화문석 등을 수출했어.

또한 고려는 거란, 여진과도 무역을 했지. 거란은 은을 가지고 와서

고려의 수출품과 수입품

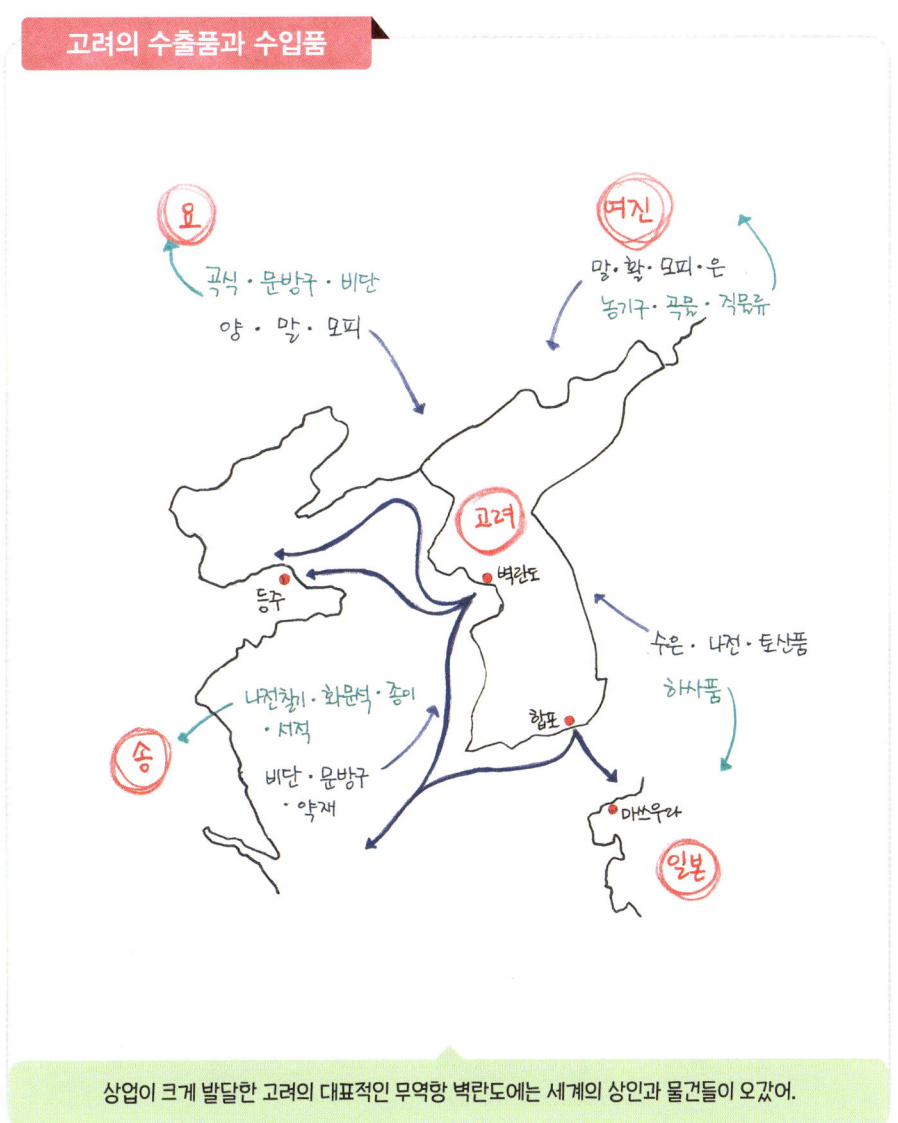

상업이 크게 발달한 고려의 대표적인 무역항 벽란도에는 세계의 상인과 물건들이 오갔어.

식량, 문방구, 구리, 철 등을 구해 갔고, 여진은 은, 모피, 말 등을 가지고 와서 식량, 철제 농기구 등으로 바꾸어 갔지.

하지만 일본과의 무역은 송나라, 거란 등에 비해 그리 활발하지 못했어.

이번에는 고려 사람들의 종교를 알아볼까? 고려는 불교의 나라 라고 불릴 만큼 불교가 번창했지. 태조 왕건이 후대에게 나라를 잘 다스리라는 가르침으로 남긴 《훈요십조》를 살펴보면 불교를 숭상하고 팔관회와 연등회를 잘 치르라는 가르침이 담겨 있어. 그만큼 불교를 중시했다는 말이야. 왕실, 귀족부터 일반 백성들까지도 모두가 믿는 종교였지. 고려의 불교는 국가의 지원을 받으며 발전했어.

고려는 불교를 받들었지만 그렇게 세력이 커지다 보니 문제가 생겼어. 의천과 지눌은 그런 불교를 개혁하고자 했어.

대각국사 의천

보조국사 지눌

불교 미술도 크게 발전했어. 사경, 불화, 불상, 불탑, 사찰 건축 등이 크게 발전한 거야.

팔관회와 연등회는 나라에서 주관하는 국가적인 행사로, 많은 사람들이 참여해 나라의 안전과 발전, 개인의 행복을 빌었단다.

고려를 세운 태조 왕건은 호족 세력과 함께 통일신라 말기에 들어온 불교 종파인 선종을 기반으로 왕권을 다졌어. 호국 불교를 강조하며 사찰을 창건하고 승려를 우대하는 정책을 폈지.

고려에는 승려 선발 시험인 승과가 있었는데 신분이 낮은 사람은 승려가 될 수 없었다고 해. 내로라하는 집안의 자제나 왕자의 신분으로 승려가 된 사람들도 많았지. 그렇게 불교의 세력이 커지다 보니 점차 돈이나 권력 문제에 휘말리기도 했어. 교종과 선종으로 종파가 나뉘어 대립과 갈등을 보이기도 했지.

이처럼 불교가 타락하자 종파를 통합하고 개혁하려는 사람들이 나타났어. 먼저 종파를 통합하는 일을 한 사람은 대각국사 의천이야. 의천은 교종을 중심으로 선종을 통합하여 새로 천태종을 만들었지만 통합에 실패하고 말았어. 그 뒤 무신 정권 시기에는 보조국사 지눌이 선과 교를 동시에 수행해야 한다고 주장하며 결사운동을 전개했어. 돈오점수·정혜쌍수로 대표되는 지눌의 불교철학은 당시 동아시아 불교계에서는 최고 수준으로 평가되고 있어.

또 고려 하면 생각나는 것이 무엇이 있을까? 고려청자, 《직지심체요절》, 팔만대장경 등 셀 수 없이 많구나. 자, 지금부터는 독특하고 아름다운 고려의 문화재에 대해 알아보기로 해.

먼저 하늘빛을 닮은 고려청자 에 대해 알아보자. 청자는 통일신라 시대에 장보고를 통해서 들여왔다고도 하고, 통일신라 시대 말이나 고려 시대 초기에 중국에서 건너온 기술자들을 통해 처음 만들어졌다고도 하지. 처음에는 중국의 것을 그대로 따라 만들었지만 12세기에는 중국과 대등한 청자를 만들 만큼 기술이 발전했지. 청자의 푸른빛은 '고려의 비색은 천하제일'이라는 칭찬을 들을 정도로 뛰어났어. 특히 상감 청자는 고려에서만 만든 독특한 청자야. 바로 상감 기법으로 만든 청자를 말하지. 상감 기법이란 금속이나 나무의 바탕 겉면에 무늬를 새기고, 그 무늬에 금과 은 등의 다른 재료를 채워 넣는 기술이야. 당시 나전칠기나 청동기 등 여러 가지 공예품에 이미 상감 기법이 쓰이고 있었기 때문에 고려 사람들은 도자기에도 이 기술을 적용해 세계적으로도 찾아볼 수 없는 독특한 도자기를 완성했어.

고려청자

청자풀꽃무늬표주박모양주자와승반   청자구름학무늬매병

청자는 중국에서 처음 들여왔지만 고려는 특별한 비색과 상감 기법으로 고려만의 독특한 도자기를 완성했어.

자, 다음은 세계 기록 유산에 빛나는 팔만대장경 이야. 정식 이름은 해인사 고려 대장경이지.

대장경이란 부처님의 말씀을 기록해 놓은 불교 경전을 말해. 삼국 시대에 들어온 불교는 고려 시대에는 나라의 종교가 될 정도로 백성들 사이에 널리 전파됐어. 백성들은 힘들고 어려운 일이 닥칠 때마다 부처님께 의지했단다. 무엇보다 몽골의 침략으로 고려가 큰 위기에 빠지자 어떻게든 나라를 되살리고자 하는 간절한 마음을 담아 부처님 말씀을 목판에 새겨 냈어. 그게 바로 팔만대장경이야.

고려는 거란의 침략을 받았을 때 처음으로 대장경을 만들었어. 이를 초조대장경 이라고 하지. 이것은 대구의 부인사에 보관되어 있었는데, 몽골의 2차 침입 때 불타 버리고 말았어. 그러자 고려 조정은 부처님의 힘으로 몽골군을 몰아내고자 초조대장경을 대신할 경판을 다시 만들기로 했지. 이규보의 문집《동국이상국집》에는 팔만대장경을 판각한 이유가 나와.

팔만대장경

합천 해인사에 보관되어 있어. 외세의 침략을 부처님의 힘으로 막고자 불경의 내용을 목판에 새겨 만든 판이야. 고려 인쇄술의 발달에도 영향을 끼쳤지.

> 현종 때 거란군이 쳐들어오자 대장경을 새겼더니 거란군이 스스로 물러났습니다. 다시 한번 대장경을 새기오니 저희의 간절한 소망을 굽어살피셔서 포악한 오랑캐들이 나라를 침범하지 못하게 하여 주옵소서.

몽골에 대한 끈질긴 항쟁과 더불어 부처님의 힘을 빌려 나라의 평안을 되찾고자 했던 고려 사람들의 간절한 바람이 16년에 걸쳐 완성한 팔만대장경에 고스란히 담긴 거야.

팔만대장경은 세계에서 인정받고 있어. 팔만대장경은 고려의 초조대장경에다가 송나라와 거란의 대장경 내용을 모두 모아 불경을 새겼거든. 그래서 현재 남아 있는 세계의 대장경 중 가장 많은 불경이 담겨 있지. 또한 경판을 만든 기술이 무척 뛰어나서 760년이 지난 지금까지도 인쇄가 가능할 정도란다.

고려의 중요한 유물 또 한 가지는 금속 활자 야. 글을 처음 쓰기 시작한 옛날 사람들은 나뭇잎이나 대나무, 동물 가죽 위에 글씨를 썼어. 그 뒤 종이가 발명되면서 글을 쓰고 읽기가 전보다 훨씬 수월해졌지. 하지만 책이 될 정도로 쓸 내용이 많을 때는 어땠을까? 일일이 손으로 쓰느라 시간과 노력이 많이 들었어. 그래서 나온 것이 목판 인쇄술이야. 나무판자에 글자를 새겨 먹물을 묻혀서 종이에 찍어 내는 것이지. 이것은 같은 내용을 글자로 한번 새겨 두면 책을 여러 권 대량으로 찍어 낼 수 있었어. 하지만 단점도 있었어. 나무판자에는 한 가지 내용만 새길 수 있어서 다양한 내용의 책을 만들기에는 적합하지 않았거든.

그래서 개발된 인쇄 기술이 바로 활자 인쇄야. 활자란 인쇄용 글자를 하나씩 만들어 두는 것을 말해. 하나씩 만들어 둔 활자에서 필요한 글자를 뽑아 원하는 내용으로 활판을 만들고, 이것으로 책을 인쇄하는 것이지.

처음 활자의 재료는 진흙이나 나무였을 것이라고 추정해. 그러다가 쉽게 망가지고 보관하기 어려운 진흙이나 나무 활자 대신 튼튼한 금속 활자를 만들어 내고 다양한 내용의 책을 엮었지.

고려는 1234년 세계 최초로 금속 활자를 이용하여 《상정고금예문》이라는 책을 인쇄했어. 이 책은 지금 전해지지 않고 이규보가 지은 《동국이상국집》에 기록만 남아 있어. 현존하는 세계에서 가장 오래된 금속 활자로 찍은 책은 1377년에 청주 흥덕사에서 만든 《직지심체요절》이란다.

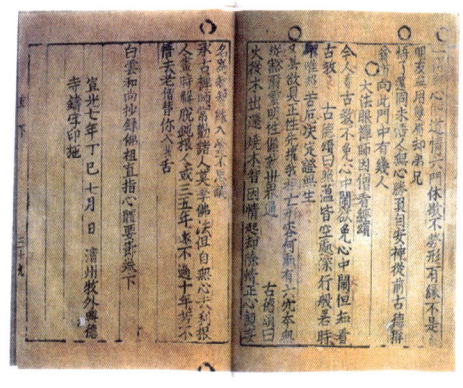

직지심체요절

고려 때는 금속 재료로 활자를 만들어 책을 찍을 정도로 인쇄술이 발달했어. 《직지심체요절》도 금속 활자로 찍은 책이야.

고려 사회와 원나라의 지배

고려 시대 사람들은 어떻게 살았을까? 고려의 신분은 귀족과 중류층, 양인과 천민으로 나누어졌어. 신분에 따라 사는 곳도, 생활 모습도 달랐지. 또 머리 모양과 입을 수 있는 옷의 색, 옷감 등이 달랐으며 먹는 음식까지 달랐다고 해.

고려 귀족들은 주로 고위 관료나 왕족으로서 대대로 관직과 땅을 이어받았으며 커다란 기와집에 살며 집 안 곳곳을 청자로 만든 물건으로 장식했어.

중류층은 주로 실무 담당 하급 관리나 장교, 향리 등이었으며 양인들은 주로 농민으로 국가에 세금을 냈어. 그러나 같은 양인이라도 향, 부곡, 소 지역에 사는 양인들은 더 심한 차별을 받았지. 노비, 뱃사공, 광대 등은 천민에 속했어.

그렇다면 고려 시대 여성들은 어떤 삶을 살았을까? 고려 시대에는 남녀를 크게 차별하지 않았어. 부모님의 재산을 아들딸 구별 없이 똑같이 상속받았으며 결혼 후 남자가 처가에 사는 것이 일반적이었다고 해. 그리고 부모님 제사도 아들딸이 번갈아 가며 지냈고, 여자도 재혼이 가능했으며 자신이 가져온 재산은 마음대로 처분할 수도 있었다고 해. 조선 시대에 비해 여성의 권리가 비교적 인정되었던 거야.

고려는 거의 100여 년간 몽골, 그러니까 원나라의 간섭을 받았어. 그러면서 고려 사회의 모습도 크게 변하지.

몽골과의 40여 년간의 전쟁이 끝나자 강화도에 있던 왕과 귀족들은 원나라와 화친하고 개경으로 돌아왔어. 원나라로서도 고려와의 전쟁은 너무나 힘든 일이었지. 세계에서 몽골의 침략을 오랜 기간 버텨 온 나라는 고려가 유일했던 거야. 원나라는 고려의 풍습을 그대로 유지시켜 주었지만 원나라 공주들과 고려의 왕을 결혼시켜 사사건건 간섭했단다.

왕의 사망 이후 붙여주던 태조, 광종, 성종, 문종 등과 같은 묘호도 충렬왕, 충선왕처럼 원나라에 충성한다는 뜻으로 왕의 이름에 모두 충성할 충(忠) 자가 들어가게 되었어. 심지어는 고려의 왕이 마음에 들지 않으면 제멋대로 왕을 바꾸기까지 했어.

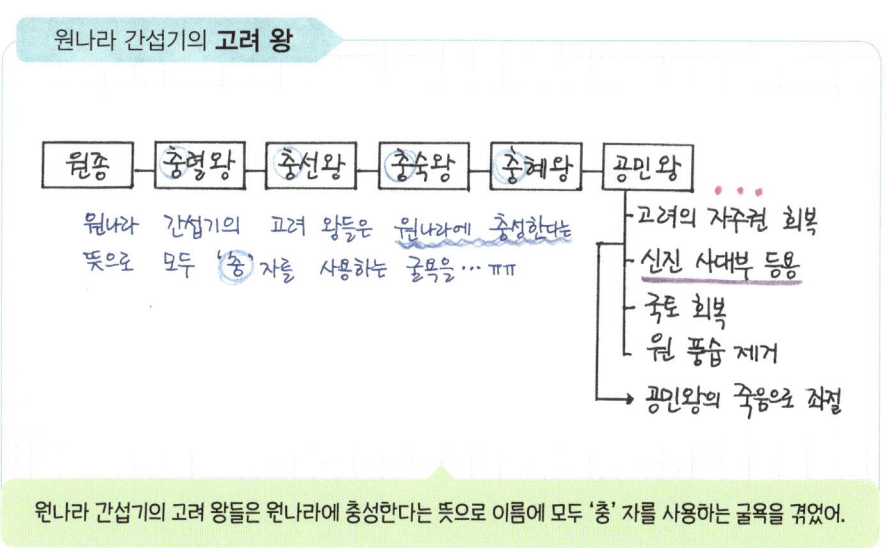

원나라 간섭기의 고려 왕들은 원나라에 충성한다는 뜻으로 이름에 모두 '충' 자를 사용하는 굴욕을 겪었어.

이를 끝내고 다시 자주적인 고려를 만들려고 한 임금이 바로 공민왕 이야. 원나라가 혼란한 틈을 타 고려의 자주권을 회복하려고 했단다. 공민왕은 원나라와 친하게 지내며 권력을 거머쥔 친원파 관리들을 제거하고 신진 사대부를 등용했어. 그리고 원나라에 빼앗긴 땅을 되찾고, 원나라의 풍습도 없앴지. 하지만 불행하게도 공민왕의 죽음으로 고려의 독립과 자주를 향한 개혁은 실패하고 말았어.

공민왕이 죽고 난 뒤 고려는 더욱 흔들리기 시작했어. 고려 말 나라가 어지러운 틈을 타 남쪽에서는 왜구 들도 자주 나타났어. 수십 수백 척의 배를 몰고 와 고려의 해안가뿐만 아니라 중국의 해안가에서까지 노략질했다고 해.

왜구를 막을 힘이 없었던 고려는 해안가에 사는 사람들을 모두 육지로 불러들이는 정책을 펼쳤지. 이 정책으로 해안가에 위치했던 도자기를 만드는 가마들이 문을 닫게 되면서 찬란했던 고려청자마저 역사 속으로 사라지게 되었어.

그뿐만 아니라 북쪽에서는 홍건적이 고려 사람들을 괴롭혔어. 홍건적의 침입 으로 공민왕이 경상도 안동까지 피난을 갔을 정도였지.

이때 이성계 와 최영 장군 이 함께 왜구를 소탕하며 명성을 날렸어. 특히 이성계는 성리학자들과 교류하며 뜻을 같이했어.

당시 정도전을 비롯한 젊은 성리학자들은 고려는 이미 기운이 다한 나라이기에 이 땅에 새로운 왕조를 열어야 한다고 생각하게 되었어.

왜구와 홍건적의 침입

고려 말 남쪽에서는 왜구가, 북쪽에서는 홍건적이 쳐들어와 나라는 더욱 혼란스러웠어.

9장 _ 민족을 완전히 통일한 왕조, 고려

최무선의 화약과 문익점의 목화씨

고려 사회를 한 단계 발전시킨 두 가지 발명품이 있어.

먼저 최무선의 화약 이야. 당시 전쟁 때 가장 강력한 무기는 화약이었어. 화약은 중국에서 처음 발명되었지.

고려 말 왜구와 홍건적에게 시달리던 고려는 이들을 물리치기 위해 화약을 직접 만들려고 끊임없이 노력했어. 드디어 최무선의 노력으로 화약 만드는 비법을 알아냈고 화약 무기를 개발했단다. 결국 최무선의 화약 무기로 진포에 쳐들어온 왜구의 배 500여 척을 물리치는 등 전쟁에서 크게 활약하게 되었지.

문익점은 목화씨 를 통해 고려 시대에 의류 혁명을 일으켰어. 문익점은 고려의 사신이었는데 원나라에 갔다 돌아오는 길에 목화 씨앗을 가져왔단다.

문익점은 고향인 산청에서 장인 정천익과 함께 정성을 기울여 목화 재배에 성공했어. 목화송이에서 씨를 빼는 방법을 찾고 실을 뽑아내는 물레도 만들었지.

목화솜을 이용해 만든 옷감을 무명이라고 해. 당시 고려에서 입던 옷감은 삼베, 모시, 비단 등이었지. 그러나 삼베나 모시로는 겨울에 추위를 막기 어려웠고, 비단은 너무 비싸서 백성들이 입기 힘들었어.

문익점의 노력으로 따뜻하고 값이 싼 무명이 만들어지자 온 나라 백성들이 따뜻한 무명옷을 입을 수 있게 되었지. 문익점이 들여온 목화는 우리나라 백성들의 생활을 완전히 바꾼 커다란 혁명이었단다.